总体国家安全观系列丛书

# 金融与国家安全
Finance and National Security

总体国家安全观研究中心
中国现代国际关系研究院　著

时事出版社
北京

**编委会主任**

袁　鹏

**编委会成员**

袁　鹏　傅梦孜　胡继平

傅小强　张　力　王鸿刚

张　健

**主　编**

黄　莺

**撰稿人**

张运成　孙立鹏　吕　洋

刘兰芬　魏　亮　颜泽洋

陈　璐　刘明礼　徐飞彪

尹　伊　侯解放

总体国家安全观
系列丛书

《金融与国家安全》
分册

# 总 序

# 总序

东风有信，花开有期。继成功推出"总体国家安全观系列丛书"第一辑之后，时隔一年，在第七个全民国家安全教育日来临之际，"总体国家安全观系列丛书"第二辑又如约与读者朋友们见面了。

2021年丛书的第一辑，聚焦《地理与国家安全》《历史与国家安全》《文化与国家安全》《生物安全与国家安全》《大国兴衰与国家安全》《百年变局与国家安全》六个主题，凭借厚重的选题、扎实的内容、鲜活的文风、独特的装帧，一经面世，好评不断。这既在预料之中，毕竟这套书是用了心思、花了心血的，又颇感惊喜，说明国人对学习和运用总体国家安全观的理论自觉和战略自觉空前高涨，对国家安全知识的渴望越来越迫切。

在此之后，总体国家安全观的思想理论体系又有了新的发展，"国家安全学"一级学科也全面落地，总体国家安全观研究中心的各项工作也全面启动。同时，中国面临的国家安全形势更加深刻复杂，国际局势更加动荡不宁。为此，我们决定延续编撰丛书第一辑的初心，延展对总体国家安全观的研究和宣介，由此有了手头丛书的第二辑。

装帧未变，只是变了封面的底色；风格未变，只是拓展了研究的领域。依然是六册，主题分别是《人口与国家安全》《气候变化与国家安全》《网络与国家安全》《金融与国家安全》《资源能源与国家安全》《新疆域与国家安全》。主题和内容是我们精心选定和谋划的，既是总体国家安全观研究中心成立以来的一次成果展示，也是中国现代国际关系研究院对国家安全研究的一种开拓。

与丛书第一辑全景式、大视野、"致广大"式解读国家安全相比，第二辑的选题颇有"尽精微"之意，我们有意将视角聚焦到了国家安全的不同领域，特别是一些最前沿的领域：

在《人口与国家安全》一书中，我们突出总体国家安全观中以人民安全为宗旨这根主线，强调"民惟邦本，本固邦宁"。尝试探求人口数量、结构、素质、分布和迁移等要素，以及它们如何与经济、社会、资源和环境相互协调，最终落到其对国家安全的影响。

在《气候变化与国家安全》一书中，我们研究气候变化如何影响人类的生产生活方式和社会组织形态，如何影响国家的生存与发展，以及由此带来的国家安全风险。从一个新的视角理解统筹发展和安全的深刻内涵。

在《网络与国家安全》一书中，读者可以看到，从数据安全到算法操纵，从信息茧房到深度造假，从根服务器到"元宇宙"，从黑客攻击到网络战，种种现象的背后，无不包含深刻的国家安全因素。数字经济时代，不理解网络，不进入网络，不掌握网络，就无法有效维护国家安全和理解国家安全的重要意义。

在《金融与国家安全》一书中，我们聚焦金融实力是强国标配、金融紊乱易触发系统性风险等问题，从对"美日广场协议""东南亚金融海啸""美国次贷危机"等教训的省思中，探讨如何规避金融领域的"灰犀牛"和"黑天鹅"，确保国家金融安全。

在《资源能源与国家安全》一书中，我们考察了从石器时代、金属时代到钢铁时代，从薪柴、煤炭到化石燃料、新能源的演进过程，重在思考资源能源既是人类生存的前提，更是国家发展的基础、国家安全的保障。

在《新疆域与国家安全》一书中，我们把目光投向星辰大海，放眼太空、极地、深海，探讨这些未知或并不熟知的领域如何影响国家安全。

上述六个主题，只是总体国家安全观关照的新时代国家安全的一小部分领域，这就意味着，今后我们还要编撰第三辑、第四辑。这正是我们成立总体国家安全观研究中心的初衷。希望这些研究能使更多的人理解和应用总体国家安全观，不断增强国家安全意识，共同支持和推动国家安全研究和国家安全学一级学科建设。

"今年花胜去年红。"我们期待，这套"总体国家安全观系列丛书"的第二辑依然能够获得读者们的青睐,也欢迎提出意见和建议,便于我们不断修正、完善、改进。

是为序。

总体国家安全观研究中心秘书长  
中国现代国际关系研究院院长　袁鹏

# 前 言

前言

# 前言

2008年，一场百年不遇的国际金融危机席卷全球；2020年，一场百年不遇的疫情蔓延世界。两场危机深刻搅动全球政治经济格局，加速世界百年未有之大变局的演变。以此为背景，经济全球化遭遇强大逆风，主要经济体保守思潮涌动、经济保护主义政策翻新、金融制裁噪音增大，全球经济发展和合作环境遭受明显侵蚀。

未来数年，世界经济或陷入"低增长、高债务、高风险"的困境。如何在经济金融领域成功躲避"灰犀牛"、防范"黑天鹅"，如何有效利用金融手段维护国家安全、护航中华民族伟大复兴，成为中国亟需认真面对的时代性考题。

何谓金融安全，如何看待金融和国家安全的关系？2017年全国金融工作会议上，习近平总书记指出："金融是国家重要的核心竞争力，金融安全是国家安全的重要组成部分，金融制度是经济社会发展中重要的基础性制度。"这一论断结合习近平总书记在其他场合对金融安全的阐述，勾勒了金融与国家安全的四层关系：一是确保金融体系自身安全，这是维护国家安全的重要方面；二是坚持金融为实体经济服务的根本定位；三是发挥金融对国家战略的支撑作用，以金融手段确保政治安全、社会安全、科技安全、生物安全等；四是利用金融手段维护和推进海外利益。

本书试图沿着上述分析脉络，对金融与国家安全的关系进行剖析，共分十部分。第一章引入本书主题，重点探讨二战以来全球金融安全观的嬗变和新时代中国特色的金融安全观。第二章和第三章分别从世界历史和国际体系的宏观视野，解读金融与大国兴衰、体系变迁之间的关系。第四章探讨如何处理金融与实体经济的关系。第五章和第六章旨在剖析历史上金融危机的成因和治理，以及科技金融带来的新挑战，强调管控金融体系自身风险的重要性。第七章和第八章分别讨论金融是如何影响政治安全和社会安全的。第九章探讨货币权力与国家安全的关系。后语落脚到中国的新时代，提出金融服务国家安全的初步思考。

很显然，金融与国家安全的关系已大大超出经济学的研究范

## 前言

畴，是跨越经济学、政治学、国家安全学等多门学科的研究课题。这是本书的特色，也是本书的难点。特别是金融与政治安全和社会安全的关系的问题，国内外系统性、理论性研究相对较少。在这些问题上，本书希望能够抛砖引玉，激发更多积极有益的思考。

《金融与国家安全》课题组

# 目　录

## 1 金融之于国家安全

**第一章** 001

金融的"两面性" 007

金融安全观的嬗变 014

中国的行与思 022

## 2 金融视角下的大国兴衰

**第二章** 031

华尔街与美国崛起 035

英镑危机与帝国衰落 040

清朝财政危机与鸦片战争 045

成也金融，败也金融 052

# 目录

## 3 全球金融治理说易行难

第三章 061

早期探索 067

"戴维营的三天" 070

全球治理新变局 077

"碎片化"时代来临？ 087

## 4 金融虚实之辩

第四章 095

英美模式"功与罚" 101

德日模式得与失 110

虚与实的权衡 117

## 5

**金融危机的前车之鉴**

### 第五章　121

从"郁金香泡沫"到次贷危机　125

谁之过？　133

如何避免下一场危机　141

## 6

**新赛道与新挑战**

### 第六章　151

金融遇上高科技　155

科技巨头"趟水"金融　161

货币的数字革命　167

目录

## 7 金融如何影响政治安全

第七章　　　　　　　　177

金融制裁与反制裁　　　181

主权债务之殇　　　　　186

反恐怖融资与反洗钱　　193

## 8 金融打造"美好社会"

第八章　　　　　　　　201

从"占领华尔街"说起　207

普惠金融的暖流　　　　216

绿色金融的旋风　　　　223

## 9 币权与安全

**第九章** 231

第一个金融霸权 235

嚣张的美元 240

欧元，欧元？ 247

人民币国际化任重道远 254

## 10 金融安则国安

**后语** 259

金融的时代性 263

金融的新使命 269

金融捍卫国家安全 274

# 第一章
## 金融之于国家安全

# 第一章

1933年4月17日，凯恩斯在都柏林做了一场著名的讲座，观点可谓离经叛道，与主流格格不入。他提出，国际劳动分工的收益言过其实，而"逐渐将生产者和消费者收拢到同一个国家、经济和金融组织之下的好处"越来越大。他"支持……那些希望……使国家间的经济联系降至最低程度的人"，因为这将导致更少的"紧张和敌对"。"只要是合理且便于实现的，就让货物在本国生产。"他的另一句结论更为有名："最重要的是，让金融以本国为主。"这意味着，在各式各样的经济联系中，国际资本流动带来的危害最大，必须对之加以管控。

当凯恩斯还在思考如何颠覆传统经济学理论时，大西洋彼岸的美国已经掀起了一场疾风骤雨式的改革运动。1933年3月9日至6月16日，罗斯福政府实施了"百日新政"，15项重要立法中金融相关法律就占了

1/3。通过改革，美国确立了银行业分业经营原则，加强了美国金融资本的力量，同时极大强化了政府对金融体系的管理与控制。3年后，凯恩斯的鸿篇巨作《就业、利息和货币通论》正式出版，这部书对大萧条的深刻反思立刻在美国获得了巨大反响。

可以说，1944年召开的布雷顿森林会议只不过是对10多年来已被越来越多国家认可和接受的新经济金融观的确认。尽管英国首席谈判代表凯恩斯与美国谈判代表怀特之间剑拔弩张，但他俩在核心问题上观点一致，即汇率关系的紊乱会导致资本无序流动，搅乱全球贸易、生产关系，加剧政治紧张和对立。因此，重建战后国际货币制度必须限制资本自由流动。同时，这也意味着各国需对国内的金融资本和金融业进行限制和管控。这是19世纪80年代金本位制盛行以来，主要大国对金融与国家安全关系的一次重要反思。

# 第一章

历史之光照进现实。如今的世界，与 20 世纪 30 年代有诸多相似之处。彼时，英国的实力受到一战重创，国际地位摇摇欲坠；国际体系进入"大空位期"，英国对于提供全球公共产品有心无力，美国有力无心；金本位弊端凸显，黄金成为全球发展的枷锁而非助力；英国一流的经济学家开始疾呼生产本国化，此后全球经济分化为三大货币圈。

如今，世界经济的不均衡发展导致新兴市场群体性崛起，老牌发达国家相对优势不断下滑；美元武器化趋势加强，各国对美元特权积怨已久；美国领导国际合作的能力和意愿下降，筹谋推动技术和供应链合作的同盟化、近岸化；意识形态和规则理念之争日益激化，各国再度重新审视金融和国家安全之间的关系。

这一次，主要大国会得出什么结论，又将把全球政治经济体系引入何方呢？

第一章

## 金融的"两面性"

金融自诞生之日起就饱受争议。在农业社会，高利贷、典当行等古老的金融行当一直受到道德鞭挞。随着商业和工业的发展，金融在动员生产要素和组织经济活动中的重要性凸显，社会对金融的看法也出现分化：赞誉者称之为经济的血液、大国的标配；批评者将之比作吸血的乌贼、贪婪的巨鳄。两派各执一词、互不相让，激烈争吵数百年。为何世人对金融的看法如此两极分化？

### "寄生者"还是"供血者"

高利贷可能是最古老的金融行业。高利贷追求超额回报，往往引发严重社会不公，因此在各国历史上普遍受到社会道德或宗教教规的谴责甚至禁止。基督教《旧约》禁止放债时取利，梵蒂冈多次发布诏书禁止高利贷。

15世纪初到18世纪中叶，西欧的商业贸易逐渐进入鼎盛时期，为商业贸易而融资成为金融的新业态。但是，正如马克思在《资本论》中指出的："占主要统治地位的商业资本，到处都代表着一种掠夺制度，它在古代和新时代的商业民族中的发展，是和暴力掠夺、海盗行径、绑架奴隶、征服殖民地直接结合在一起的；这在迦太基、罗马，后来在威尼斯人、葡萄牙人、荷兰人等等那里，情形都是这样。"18世纪中叶英国工业革命爆发后，工业资本登上历史舞台，并在19世纪末20世纪初演化为金融垄断资本。在其推动下，资本主义国家对全球资源和市场进行疯狂地争夺和瓜分，并让世界两度陷入世界大战的深渊。

金融的寄生性、掠夺性与生俱来，根深蒂固。但同样不能否认的是，历史上，金融创新也实实在在推动了经济发展和财富积累。

13世纪意大利人发明了汇票和本票，银行业创新推动了威尼斯、热那亚、米兰、罗马等城邦的国际贸易。17世纪初，荷兰人创建了股份有限公司、股票交易所，阿姆斯特丹迅速取代热那亚成为欧洲金融中心。

15世纪，英国开始推动金融变革，17世纪末建立了国债制度，1816年率先实行金本位制，这些金融改革奠定了英镑的国际货币地位，帮助支撑了"日不落帝国"的庞大殖民体系。

19世纪晚期，银行资本与产业资本在德国的紧密结合，是金融向实体经济输血的经典案例。在"金融资本"推动下，德国工业获得迅猛发展。20世纪初，德国崛起为大英帝国在欧洲最强劲的竞争对手。

同样，20世纪七八十年代，在美国兴起的风险投资、私募股权投资等另类投资，加速了新技术的研发和市场应用，提升了

# 第一章

美国高科技公司的全球竞争力和美国股市的全球吸引力,有力护卫了美国的经济金融科技霸权。

## "投机"还是"赌博"

自从荷兰人创立了股票、股市等现代金融工具和制度,金融便与"赌博"纠缠难分。诚然,股票、债券将股权和债权分割为较小的面额有利于筹集社会闲散资金,便利证券流通和交易,但价格操纵、粉饰财务、虚假信息也如影随形,难以杜绝。一个核心问题是,在金融市场中,"投机"和"赌博"之间是否真的存在区别?

一些西方经济学家辩称,金融市场的"投机"并不同于"赌博"。纳赛尔·萨博在《投机资本》中认为:"投机者在个别随机事件的可能出现的机会上下注。"马丁·迈耶在《华尔街》一书中借经纪人埃德加·斯科特的口,给"投机"和"赌博"进行区分,认为"赌博是拿自己的钱就不可知的运气冒险,纯粹是碰运气,就像轮子的转动一样不可预知。投机是拿你的钱去冒一个计算上的风险,因为你已经仔细研究过了,并且断定这是一次大有前途的冒险,你可借此获利。"

但是,无论如何包装金融市场上的投机行为,"投机"和"赌博"的界限仍模糊不清。至少,国际政治经济学创始人、英国学者苏珊·斯特兰奇就不信服。她认为:"期货是和赌马、翻牌、掷股子或轮盘赌没有什么区别的一种金融交易。"她还指出："（20世纪）90年代晚期的（金融）体系和80年代中期的体系有很大不同。第一个不同是赌场的规模更大和玩家更多种多样；另一个不同是技术更复杂。有利于有组织的犯罪是又一个不同。"

确实如此，在管制放松、技术革命和金融创新等因素推动下，美英金融体系的"赌"性显著增强。21世纪头几年美国的"金融创新"引发了2007年次贷危机，之后其破坏效应像滚雪球一样越滚越大，最终引发了2008年国际金融危机和随后的世界经济"大衰退"。这场危机中，很多不可思议的对赌合约慢慢浮出水面。例如在美国盐湖城，有家银行发行了一张定期大额存单，其利率竟与犹他州爵士篮球队的获胜次数相关。

### "余兴表演"还是"危机之源"

资本主义世界曾深受经济危机之苦，自1825年第一次经济危机在英国爆发开始，资本主义国家就周期性爆发危机。围绕经济周期和金融周期（早期称之为信贷周期）的成因、机理，西方经济学家曾开展大量研究。比较著名的是马克思主义者的生产过剩说，及奥地利经济学派的信贷周期说。然而，布雷顿森林体系时期，西方世界经济长期繁荣，金融危机几乎绝迹，人们普遍认为，经济周期已被"凯恩斯经济学"驯服，对经济周期的探讨也随之销声匿迹。

## 第一章

20世纪80年代开始，全球金融体系迅速膨胀，金融对实体经济周期的干扰和影响再度显现，西方学术界重新重视对金融周期的研究。美国学者伯南克（2006—2014年出任美联储主席）等人建立了金融经济周期理论的一般理论框架，但主要将金融体系视为实体经济波动的加速器或放大器，否认金融周期的内生性。总之，在2008年金融危机爆发前，西方主流研究范式坚持认为，经济周期源于消费者储蓄与商业投资模式之间的错配，金融动荡只是宏观经济波动的余兴表演。

2008年国际金融危机爆发后，"华尔街周期"再度引发人们的关注。2009年，美国学者罗伯特·巴伯拉出版的《资本主义的代价》一书中指出，20世纪70年代由通胀引起的经济危机，已经被具有相同杀伤力、由华尔街驱动的周期所替代。1945—1985年，全球没有一次衰退与金融市场有关。然而从1985年开始，全球共出现5次大的周期性波动，分别是美国20世纪90年代早期的衰退，1990年日本股市大跌及其后的衰退，20世纪90年代中期东亚危机，2000年前后美国科技股泡沫膨胀与破裂，2007—2008年美国次贷危机引爆国际金融危机。这5次全球或地区性危机，均是金融投机导致资产价格泡沫破裂的结果。

**"强国之兵"还是"帝国之冢"**

金融助力大国崛起的例子不胜枚举。在意大利银行的推动下，威尼斯、热那亚先后成为欧洲最富庶繁华之地和欧洲银行业中心。同样，阿姆斯特丹巨大的吸金能力，助推荷兰经济迅速发展，使荷兰从偏居一隅的弹丸小国一跃成为"海上马车夫"，并建立起庞大的海上帝国。英国的崛起也离不开伦敦金融中心的支撑。华尔街助力美国经济崛起更是大家耳熟能详的故事。

但是，如果金融过度积累，甚至出现经济过度金融化，则可能是大国衰败的前兆。

马克思主义者杰奥瓦尼·阿瑞基将资本主义体系划分为四个积累期，处于主导地位的中心国家依次为热那亚、荷兰、英国和美国。每个积累周期都由物质扩张阶段和金融扩张阶段两个阶段组成。在金融扩张阶段，资本积累的主要渠道从实体经济转向金融领域。金融扩张又可分为三个阶段：首先是将过剩资本转化为信贷供给，其次是放弃贸易和生产，最后是创造有利于金融资本获利的市场条件。当体系积累的中心国家进入金融扩张阶段之时，就是该中心及该体系陷入危机之时。历史上看，热那亚、荷兰和英国都是在失去了生产和贸易的竞争优势时进入了金融扩张阶段，随后都不可避免地陷入了体系性危机。

**"经济黏合剂"还是"制裁杀手锏"**

19世纪70年代到一战之前的40多年里，欧洲各国普遍将本国货币与黄金挂钩，为巨额长期资本从欧洲流向新世界提供了便利。1870—1890年，源源不断的资本流入阿根廷，在创造了经济奇迹的同时也给欧洲投资者带来了丰厚的回报。同样，布雷顿森林体系崩溃后，各国纷纷放松资本项目管制，大大便利了资金的跨国流动。部分发展中国家，特别是一些新兴市场，因国际资本和技术的不断流入而走上经济起飞的道路，而输出资本的发达国家也分享了巨大的发展红利。

但是，对于大国，特别是国际硬通货的发行国而言，通过切断资金供给来遏制他国，一直是个难以抵御的诱惑。

冷战后，美国大幅调整对外制裁工具，越来越倚重以金融制裁为核心的所谓"巧制裁"。美国利用美元在全球金融体系中的核心地位，以及美国资本市场在全球金融体系中的核心地位，通过冻结银行资产、禁止使用美元和美元结算体系、禁止美国金融机构提供服务、禁止在美国资本市场融资等各种手段，精准打击被制裁的个人和机构。金融制裁的名目也从反恐、反对敌对政权、反对钻石走私、反对践踏人权拓展到反对外国军事企业等，不一而足。

总之，金融明显具有"两面性"。如任其发展，金融可以是贪婪的、投机的，削弱经济社会活力，侵蚀国家安全；如善加利用，金融也可以是创新的、高效的，加速经济社会发展，加固国家安全。在经济全球化的今天，争夺金融资源、制定金融规则、掌控金融制度性权力，已成为大国间不见硝烟的新战场。若金融胜战，则国威大盛；若金融败战，或一蹶不振，失落十年，甚至二十年。既然金融如此重要，那么，应当如何趋金融之利、避金融之害，最大限度地引导金融为国家利益和国家安全服务呢？

## 金融安全观的嬗变

金融安全观并非古而有之。只有当国家有意识、有目的地系统制定金融制度和金融政策，并将金融的力量与国家战略的实施密切挂钩时，金融安全观才应运而生。从这个意义上讲，二战之前，各国政府对金融制度和金融政策的理解和运用较为有限。二战之后，国际主流的金融安全观则经历了三个阶段的演变。

### 金融限制观

1944年7月，在二战结束前夕，44个国家的730名代表齐聚美国新罕布什尔州的偏远小镇布雷顿森林，为战后国际经济体系制定框架。会上，美国谈判代表怀特和英国首席谈判代表凯恩斯的看法不谋而合，他俩均将两次大战期间的经济动荡归因于国际汇率的不稳定及其导致的资本和贸易流动失序，认为资本自由化与稳定的国际汇率体系和自由的国际贸易体系不兼容，而后两个目标更具有优先性。会议确立了美元与黄金挂钩、各国货币与

# 第一章

美元挂钩的新体制。与此同时，二战之后，各国普遍将解决失业问题、缓解社会矛盾作为经济施策的重点，强调需求管理的凯恩斯主义成为指导各国经济政策的主流经济学理论。

布雷顿森林体系的干涉主义政策与19世纪80年代以来的"放任自由政策"形成鲜明对比。尽管布雷顿森林体系是人类历史上第一个合作型的国际货币制度，但具体到金融领域，它代表了向限制性金融秩序的意识形态转变。受此影响，二战后主要国家的金融政策具有"严控资本流动、管制金融价格、严格金融监管"的特征。包括莱因哈特在内的美国著名学者指出，从二战到20世纪80年代，金融抑制一直是发达经济体的政策"规范"。

美国对金融的限制体现在各个方面。在国际上，美国和主要经济体合作，重点加强对资本流出而非流入的管制。尽管布雷顿森林体系也促进了某些领域的资本流动，但主要政策导向是限制，而且鼓励各国对资本流动实行管制。在布雷顿森林体系早期，资本管制是个普遍现象，发达国家的管制力度甚至比发展中国家更大。对资本流入的限制一开始主要是限制外国资金进入本国进而拥有"战略性"产业，但之后，审慎监管措施主要用来限制投机性的资本流动。

在国内，美国对金融业务也制定了诸多限制性政策。1929—1933年的大萧条迫使美国对过度投机的金融业加强监管，1933年通过的《格拉斯—斯蒂格尔法》规定银行必须分业经营。该法第 Q 项还规定"禁止对活期存款支付利息,禁止对定期存款支付竞争性利率"。此外,美国政府还对金融机构和个人拥有的资产组合实施资本账户限制和外汇管制,要求金融机构必须持有政府债务,引导投资者购买政府债务,并征收股票交易税等。

受美国等发达国家的影响,发展中国家普遍实施限制性金融政策。为更充分调动金融资源用于工业发展,各国在采取"进口替代"发展战略的同时,对金融业实施广泛限制,包括实施资本管制,对银行各种利率设置上限,限制贷款总量,或对贷款配置的方向进行限定,要求银行保持较高的储备并满足一定流动性比率要求,对金融业的市场准入设置限制,对银行实施国有化政策或由政府主导等。

从促进实体经济发展以及抑制金融投机和金融周期的角度看,"金融限制观"是卓有成效的。相比之后,布雷顿森林体系时期的人均经济增长率更高,金融危机几乎绝迹,因而被视为战后资本主义发展的"黄金时代"。但是,布雷顿森林体系的核心制度——美元汇兑本位制——存在被称为"特里芬难题"的内在缺陷,美元的过度供给和美国黄金储备的不断流失最终导致布雷顿森林体系分崩离析。

**金融自由观**

1971 年的"尼克松冲击"标志着布雷顿森林体系的轰然倒

塌。其后，国际经济体系进入了汇率自由浮动的新时期。在整个20世纪70年代，国际金融体系处于规范转变的过渡期，体系内充斥着多种竞争性的金融理念和构想。进入20世纪80年代后，新自由主义一统天下，崛起为新的主流经济学范式。在金融理论领域，金融自由化理论、金融抑制理论和全球金融治理理论相继出现。这三种理论可谓三位一体，共同组成西方新自由主义者为全球开出的金融改革药方。

金融自由化理论是新自由主义理论的重要组成部分。美国里根总统上台后，新自由主义成为团结西方世界的所谓"新共识"。新自由主义的核心要义是"将流动的资本、机敏的企业家和有效的市场力量从政府监管的死亡之手中释放出来"。在金融领域，随着美元汇兑本位制的解体，发达国家纷纷放开资本账户，允许私人资本跨境自由流动，在国内则放松对银行业的各种管制。特别是在美国，金融业的迅速扩张带动相关服务业的发展，加上强势美元、持续贸易逆差、对外投资扩大背景下的海外利润增长、加强知识产权保护、使用海外廉价劳动力等，构成了美国新增长模式的显著元素。

为推动发展中国家打开国门，1973年，美国学者罗纳德·麦金农和爱德华·肖提出了金融抑制理论。他们提出的问题是，为什么欠发达国家在接受了大量外国援助、资本流入和来自工业国的补贴之后，经济仍停滞不前？麦金农认为，限制性的国际货币体系是无效率的，并抑制了经济增长。为了推动经济增长，发展中国家必须放松资本管制，实施金融自由化。1981年，"全球合作与发展大会"在坎昆召开，美国总统里根公开声明，美国政府对外政策的焦点是为"愿意鼓励经济自由"的国家提供支持，而非推动现行多边制度改革。

20世纪80年代初拉美爆发债务危机，为西方兜售新自由主义政策提供了契机。1989年，宣扬经济金融自由化的"华盛顿共识"成为国际金融机构对发展中国家施以援手时后者必须接受的条件。"华盛顿共识"共有十条，其中三条与金融自由化、私有化直接相关。当时，深陷债务危机的拉美国家和苏东剧变后的转型国家为"华盛顿共识"提供了实验"热土"。但是，这类实验多以惨淡收场、失败告终。自由化和私有化给外国资本抄底国内优质资产提供了绝好的机会，而往往留给被实验国家的是个千疮百孔的经济烂摊子。

全球金融治理理论是金融自由化理论的另外一个重要组成部分。与新自由主义者的憧憬和承诺不同，金融全球化的世界并不太平：金融自由化导致投机盛行，财富和权力空前集中，经济不安全日积月累，金融危机反复爆发。全球金融治理理论，是新自由主义者对稳定全球金融体系开出的药方。1997年东亚金融危机爆发后，西方发达经济体组建金融稳定论坛，并以"微观审慎"改革为抓手推动全球金融监管改革。11年后，国际金融危机再次汹涌来袭,这一次,美欧成为金融地震的震中。以美国为首的西方国家将二十国集团提升为全球经济治理首要平台,将金融稳定论坛升级为金融稳定理事会,并以"宏观审慎"改革为抓手加固全球金融监管体系。

但是,将2008年国际金融危机根源的讨论限定在监管层面,并没有多少说服力。当美国开足印钞机的马力大肆拯救国内的金融机构和陷入衰退的经济时,以紧缩财政、出售资产(给外国人)为主要救市条款的"华盛顿共识"就沦为了国际玩笑,极力矮化政府作用的新自由主义也被宣判了死刑。2008年国际金融危机的爆发,让全球各国再度感受到了国际货币金融体系的内在矛盾,国际社会对西方主流经济学理论的批判越来越深刻,对金融和国家安全的反思也在不断深化。

**金融安全观的再思考**

新自由主义和金融自由化理论之所以风靡全球,主要是因为美国和英国经济的再度复兴为"盎格鲁—撒克逊"经济模式戴上了神秘光环。然而,2008年金融危机爆发及其后遗症对世界经济体系产生了深远的影响。危机过后,世界经济进入"慢全球化"时期,全球化动力不足、红利消退、危机频发,金融自由化理论对此束手无策、一筹莫展。与此同时,危机加速国际政治经济格局演变,大国实力差距迅速缩小,国际博弈日趋激烈,一些

国家金融货币政治化、武器化的政策趋势进一步加强。新矛盾、新局面呼唤新理论、新思想。尽管目前，能够全面替代新自由主义的经济理论尚未出现，但从各国政策取向来看，重新摸索经济金融安全的边界，利用金融手段捍卫国家安全、维护国家利益，已越来越成为决策的重要出发点。

一方面，国际社会对国际货币体系内在缺陷和美元特权的反思在加强，在新兴技术的加持下，国际货币体系改革获得了新动力。自20世纪60年代起，国际上有关美元特权的争论就未曾停歇。布雷顿森林体系崩溃后，美元作为"一筐烂苹果中最好的那一个"，继续在国际货币体系中扮演关键货币的角色。2008年金融危机的爆发，再度在全球掀起国际货币体系改革的激烈讨论。这一次，受区块链等新技术支撑的私人加密币无意中为改革撕开了一道口子。2019年底，在美国科技巨头脸书（现已更名为Meta）"天秤币"的刺激下，欧洲、日本、加拿大等全球主要央行纷纷加快央行数字货币研发的步伐。尽管目前，央行数字货币崛起背景下的全球货币制度安排尚无任何眉目，但可预见的是，央行数字货币的崛起必将弱化并解构美元作为关键货币的作用，推动国际货币体系去中心化的发展趋势。

另一方面，主要国家纷纷探索新的经济金融安全边界。为应对2008年国际金融危机和2020年新冠肺炎疫情对经济的破坏，美、欧等发达经济体在启动国内金融监管改革的同时，纷纷踏上货币"量宽"之路，近年来甚至提出所谓"现代货币理论"，大肆推动债务货币化。这些做法短期内能为经济注入强心剂，但长期看对全球经济的负面效应难以衡量。

2017年以来，美国在对外关系上不断泛化安全概念，不仅大搞贸易战、推动供应链"精准"脱钩，在金融领域，还加强外国赴美直接投资的安全审查、强化赴美上市企业的财务审查、扩大对外国大型企业的金融制裁和技术封锁等。在美国鼓动下，欧洲和日本也加强了对外国直接投资的安全审查，日益将技术合作、供应链重塑等问题纳入国家安全的考量范围。

发展中国家也开始在金融和国家安全之间寻求平衡。2008

年国际金融危机后，金砖五国建立新发展银行，中国牵头成立亚洲基础设施投资银行，表达了新兴市场冲破发达国家对国际金融机构和发展融资规则长期垄断的意愿和决心。当美国拜登政府豪气喊出"重建更美好世界"（B3W）的宣言时，联合国贸发会议的经济学家们毫不留情地泼了一大盆冷水："新冠肺炎疫情提醒我们，如果我们这一次真的要重建更美好世界的话，金融市场那只看不见的手绝不会在正确的时间和正确的地点以正确的规模提供所需的资金。"

总之，在后危机时代，全球层面，包括发达国家、新兴市场和发展中国家，都加强了对金融安全边界的探讨。中国亦是如此。作为全球第二大经济体、最大的发展中国家和实力不可小觑的金融大国，中国对金融和国家安全关系的思考，正牵动着全球的神经。

## 中国的行与思

在中国，"金融安全"并非是个新概念，但新时代赋予它新的内涵和外延。

1997年亚洲金融危机爆发后，中国国内就曾围绕金融安全问题爆发了一场持久而热烈的讨论。当时，金融安全讨论主要围绕金融改革、开放和监管的关系，及金融与实体经济的关系展开。2008年国际金融危机爆发后，全球金融治理改革成为重要的国际议题，金融科技热潮在国内外悄然兴起，中国也开始推动人民币国际化进程。

中国跨入新时代后，国内外环境发生了一些显著变化，维护金融安全的重要性更为突出。从国内经济环境看，随着中国经济步入"新常态"，三期叠加推升经济金融风险。2015年夏，中国股市大幅震荡使得维护金融安全的重要性进一步凸显。这一时期，化解金融风险、平衡金融创新与稳定的关系、推动人民币国际化、推动国际金融治理民主化改革等成为金融安全讨论的重要内容。从国际环境看，经济全球化遭遇强大逆风，西方发达国家对外经济政策日趋保守。

在上述国内外背景下，2017年4月，十八届中共中央政治局就维护国家金融安全进行第四十次集体学习，金融安全也被纳入总体国家安全观。同年7月，全国金融工作会议召开；11月，国务院金融发展稳定委员会正式成立。2019年2月，中共中央政治局就完善金融服务、防范金融风险进行第十三次集体学习。2021年政府工作报告提出强化国家经济安全保障，实施金融安全战略。总之，当中国跨入新时代，并站在世界百年未有之大变局和中华民族伟大复兴战略全局的重要交汇点上时，金融捍卫国家安全、维护国家利益被提到新高度、赋予新使命。

目前，中国的金融安全观仍处于构建和完善之中，主要涉及金融与国家安全的四类关系：一是作为国民经济体系的重要组成部分，金融体系自身应在改革与创新中保持发展、稳定与安全；二是发挥金融供氧输血的独特作用，助力实体经济的持续壮大；三是发挥金融的保障作用，促进政权稳固、社会稳定、科技创新、生物安全等，推动国家政经社会体系的整体稳健和健康发展；四是利用金融手段促进国家利益的对外拓展，包括积极参与国际金融治理改革与合作。

第一，金融安全是国家安全的重要组成部分。2017年全国金融工作会议上，习近平总书记指出："金融是国家重要的核心竞争力，金融安全是国家安全的重要组成部分，金融制度是经济社会发展中重要的基础性制度。"这一论断内涵丰富，至少包括以下几层含义：一是强大的金融竞争力是现代化强国的标配，金融竞争力构成大国竞争的重要维度，金融竞争的胜负往往关系到大国的前途和命运；二是金融是现代国家治理的重要手段，金融制度是社会主义市场经济的基础性制度，金融搞得好不好、活不活，决定了经济社会发展的速度、质量甚至潜能；三是金融安全是国家安全的重要组成部分，金融安全的重要性不仅体现在维护金融乃至经济体系的持续、稳定发展上，作为国家安全的一部分，还对国家安全的其他方面提供重要支撑。

习近平总书记多次强调，当前我国国家安全的内涵和外延比历史上任何时候都要丰富,时空领域比历史上任何时候都要宽广,内外因素比历史上任何时候都要复杂。2017年,十九大报告创造性地提出总体国家安全观的理论,强调必须坚持国家利益至上,以人民安全为宗旨,以政治安全为根本,统筹外部安全和内部安全、国土安全和国民安全、传统安全和非传统安全、自身安全和共同安全。总体国家安全观内涵收敛而外延扩散。这其中,金融通过融资输血为政治安全、经济安全、社会安全、文化安全、军事安全、生物安全、科技安全等提供重要的基础性支撑。从这个意义上讲,金融安全是国家安全的核心要义之一,是国家安全利益最大化的根本保障。

第二,坚持金融为实体经济服务的根本定位。与崇尚经济高度金融化、金融衍生品对赌化的美、英等国不同,中国一直强调金融应当为实体经济服务。习近平总书记在2017年全国金融工作会议上指出:"金融是实体经济的血脉,为实体经济服务是金融的天职,是金融的宗旨。"金融应"回归本源,服从服务于经济社会发展。"2019年2月,习近平总书记在中共中央政治局第十三次集体学习时再次指出:"金融要为实体经济服务,满足经济社会发展和人民群众需要。金融活,经济活;金融稳,经济稳。经济兴,金融兴;经济强,金融强。"

就金融与实体经济的关系,国际上一直存在模式之争,一是崇尚金融自由化的"盎格鲁—撒克逊"模式,二是稳健的德国模式。过去，中国的金融改革大多以美为师，但表现出各种水土不服。2008年国际金融危机首先从美国爆发，再度给中国敲响了警钟。近年来，德国金融模式开始受到国内重视，特别是其金融服务实体经济的理念，立足工业化的发展道路选择，以及银行主导的金融体系等，都与中国的情况更加类似。近年来，中国政府反复强调金融应当服务实体经济，就是对过去几年虚拟经济过速膨胀、金融对实体经济服务弱化等现象的纠偏，就是要将金融发展导回服务实体经济的正途上来。

第三，统筹金融发展与安全。现阶段，中国的金融发展面临三方面任务：一是金融创新，以不断创新求发展；二是金融开放，以更大程度开放促发展；三是金融改革，以更大力度改革谋发展。创新、开放和改革三位一体，共同构成金融发展壮大的推进剂。但是，无论是金融创新、金融开放，还是金融改革，都伴随着较大的金融风险，因而都需要平衡其与金融安全之间的关系。例如，近年来以金融科技为代表的金融创新有利于降低金融成本、提升金融效率、扩大金融包容性，但也暴露出资本无序扩张、垄断数据和算法、侵犯客户隐私、推升金融风险等各种问题。又如，金融开放存在时机拿捏、节奏控制、步骤排序等问题，一旦推动过快过急，很可能步很多发展中国家的后尘，遭致金融危机甚至经济倒退。此外，中国的金融改革也进入深水区，影子银行过速膨胀、金融体系资金空转、金融与实体经济错配等问题显现。解决这些问题，无师可问，无路可循，伴随着巨大的改革风险。

面对上述金融发展中碰到的问题，中国始终坚持循序渐进、实事求是的科学态度。在金融创新上，鼓励行业先行先试，在出现风险苗头时及时预警纠偏；在金融开放上，顶住外国的强大压力，始终按照自己的节奏和承受能力决定放开的顺序和速度，牢牢掌握金融开放的自主权；在金融改革上，不断探索改革路径，始终贴近实体经济发展的需要。十九大报告提出中国经济要实现高质量发展，而高质量发展的指导思想是以"创新、绿色、协调、开放、共享"为内核的新发展理念。这意味着，金融改革需服务高质量发展，金融服务应促进技术创新和低碳转型，为更高水平经济开放提供强大支撑，帮助缩小地区发展差距、城乡差别。2019年2月，中共中央政治局第十三次集体学习时明确提出，要深化金融供给侧结构性改革，通过推动金融市场、金融机构、市场产品的多元化改革，提升金融供给的质量，满足社会的多样化金融需求。

第四，坚持底线思维，防范金融风险。中国经济经受住了1997年亚洲金融危机和2008年国际金融危机的冲击，创造了改革开放40多年来没有爆发一场金融危机的奇迹，这在世界经济史上都是个了不起的成就。中国之所以没有卷入外部大型金融危机，一方面固然是因为中国没有完全开放资本项目，另一方面也是因为中国始终将防范和处置金融风险作为金融工作的重要内容。

1997年亚洲金融危机爆发后，中国银行业的呆坏账明显上升。中国政府果断成立资产管理公司，剥离银行的问题资产，帮助银行业迅速恢复元气。2008年国际金融危机爆发后，国内融资规模增长过快，社会杠杆率迅速攀升。特别是中国经济进入新常态后，经济增速有所放缓，各类风险不断积聚。

为了促进经济稳定健康持续发展，近年来，中国高度重视金融风险的防范和处置工作，并形成了一套行之有效的做法。一是坚决守住不发生系统性风险的底线。2017年全国金融工作会议上，习近平总书记提出，"防止发生系统性金融风险是金融工作的永恒主题。要把主动防范化解系统性金融风险放在更加重要的位置。"二是不断提高监管水平，着力防范并及时化解重点领域风险。对重点领域风险做到科学防范，早识别、早预警、早发现、早处置。三是提高开放条件下的风险防控和应对能力，包括完善跨境资本流动管理框架，加强监管合作，加强人民币跨境支付系统建设，推进金融业信息化核心技术安全可控，维护金融基础设施安全等。

第五，统筹金融自身安全与国际共同安全。在经济全球化高度发展的今天，各国经济密切交融、相互依存，贸易流、资金流、人员流、技术流、信息流川流不息，共同构成复杂、紧密的全球经济金融体系。在这一复杂系统中，成员国固然可以更加通过生产分工分享发展红利，但也更加容易遭受其他国家经济金融风险的冲击。如何在维护自身金融安全的同时，增进国际共同金融安全，也构成中国金融安全观的重要组成部分。

对于如何促进国际共同金融安全，中国提出了很多建议，并力所能及地提供了一些全球公共产品。2013年2月，中国政府提议设立亚洲基础设施投资银行，得到全球近百个国家的支持。2016年1月，亚洲基础设施投资银行正式开业。截至2022年初，成员国已扩大至105个。2015年，中国还同另外四个金砖国家一道，以平等注资、平等投票的方式设立了新发展银行，国际社会由此迎来了第一家由发展中国家出资建立的国际发展机构。此外，中国2013年发起的"一带一路"倡议也获得了发展中国家的广泛欢迎。在中国的带动下，为发展的瓶颈——基础设施——而融资，再度成为国际发展合作的重要内容。

总之，与从微观层面的"理性经济人"假设出发的西方金融观不同，中国的金融安全观强调金融安全的系统性、整体性、平衡性和共同性。作为21世纪马克思主义金融理论的中国化成果，以及习近平新时代中国特色社会主义思想的重要组成部分，中国的金融安全观具有重要的实践性、理论性和历史性意义。对于人类社会而言，它也是一笔珍贵的思想财富，展示了中国对自身金融理念、道路和制度的高度自信，为全球贡献了不同于西方金融模式的中国方案、中国智慧。

# 参 考 文 献

1. ［英］苏珊·斯特兰奇著，李红梅译:《赌场资本主义》，社会科学文献出版社 2000 年版。
2. ［德］鲁道夫·希法亭著，福民等译:《金融资本》，商务印书馆 1999 年版。
3. ［英］罗伯特·斯基德尔斯基著，秦一琼译:《重新发现凯恩斯》，机械工业出版社 2011 年版。
4. ［美］本·斯泰尔著，符荆捷、陈盈译:《布雷顿森林货币战：美元如何统治世界》，机械工业出版社 2014 年版。
5. ［美］本·斯泰尔、罗伯特·E. 利坦著，黄金老等译:《金融国策》，东北财经大学出版社 2008 年版。
6. ［美］查尔斯·金德尔伯格、罗伯特·Z. 阿利伯著，朱隽、叶翔、李伟杰译:《疯狂、惊恐和崩溃》，中国金融出版社 2014 年版。
7. ［美］查尔斯·金德尔伯格著，徐子健、何建雄、朱忠译:《西欧金融史》，中国金融出版社 2010 年版。
8. ［英］克恩·亚历山大、拉胡尔·都莫、约翰·伊特威尔著，赵彦志译:《金融体系的全球治理》，东北财经大学出版社 2010 年版。
9. 中共中央马克思恩格斯列宁斯大林著作编译局译:《资本论（第 3 卷）》，人民出版社 2004 年版。
10. 王小强:《投机赌博新经济》，香港大风出版社 2007 年版。

# 第二章
## 金融视角下的大国兴衰

# 第二章

1792年,满载着第一次科技革命成果礼品的马戛尔尼使团,从伦敦开赴遥远的东方大国,交涉通商事务,并谋求建立外交关系;是年为清乾隆五十七年,清廷平尼泊尔,传统意义上的康乾盛世仍处巅峰;在蛮荒的北美大陆,立国仅16年的美利坚合众国,成立了纽约股票交易所。这些在当时看似毫不相关的事件,日后都成为各自国运兴衰的重要节点。是什么力量在穿针引线,让不同时代的大国博弈穿插交织?又是什么力量在推波助澜,让不同轨道的大国兴衰加速演变?

拨开历史的烟云,天下熙熙皆为利来,国家兴衰、大国博弈的本质是国家间权力与财富的争夺较量;继续拨开历史的迷雾,天下攘攘皆为利往,国家间权力财富争夺较量的能力及结果,实则成也金融、败也金融。

金融从诞生的那天起,从来就不是单纯的经济工具,而一直与霸权争夺息息相关、与国家兴衰紧密相连。从威尼斯凭借雄厚的商业资本垄断整个欧洲对北非及亚洲的中转贸易,到荷兰凭借"金融革命"成为"海上马车夫",再到英国以"金本位"制度得享"日不落帝国"的荣光,以及华尔街与美利坚霸权的相伴相生,近世以来的大国兴衰、霸权更替,无不彰显着金融的力量。

第二章

## 华尔街与美国崛起

1776年美国建国，早期的北美大陆广袤而荒蛮。在之后的200多年里，作为一个新兴国家，美国成功超越欧洲列强，经过两次世界大战，迅速成为统领世界的"霸主"。而在美国崛起的道路上，华尔街发挥了不可替代的关键作用。

华尔街位于纽约曼哈顿，其历史可追溯到17世纪，当时的纽约还是荷兰殖民地，名为新阿姆斯特丹。1652年英荷海战爆发，为防御英国人入侵，荷兰人在城市北部修筑了一道防御城墙，旁边的一条街道名为"Wall Street"，这便是后来闻名于世的"造梦工厂"华尔街。1792年5月17日，24名美国经纪人在此签署《梧桐树协议》，这被普遍视为纽约证券交易所的起源。同年，美国开国元勋、第一位财政部长亚历山大·汉密尔顿主导美国国债发行，这也成为华尔街证券交易的发端。

### 运河热

19世纪初，纽约港已成为全美最大的港口，港口贸易成为纽约的经济支柱。当时，美国中西部物产丰富，东部市场短缺，但东西部之间运输成本高昂。为解决这一难题，时任纽约市长后任纽约州长的狄维特·克林顿大胆提出修建一条连接五大湖和哈德逊河的伊利运河，以贯通东西部水路。

修建运河并非易事。当时联邦政府一年的财政收支不到2200万美元，而克林顿报出的伊利运河预算高达700万美元。在求助联邦政府失败后，克林顿决定效仿汉密尔顿，以纽约州的名义发行运河债券，华尔街成为伊利运河最后的希望。这是美国州政府主导的第一个工程项目，也是华尔街承销的第一个工程债券。1817年，伊利运河破土动工。不到一年时间，第一段工程便竣工。运河债券受到了市场追捧，伦敦市场提供的充裕资金又加快了运河建设。

伊利运河是美国南北战争之前最大的土建工程，全长584千米，从伊利湖到哈德逊河经过83道水闸，落差170米，河道12米宽、1.2米深，历时8年竣工，比原定修建计划整整提前了2年。运河的开通带来了巨大的经济效益，加速了纽约的商业繁华和人口膨胀，纽约也因此成为美国最大的经济中心。伊利运河的修建引发了民众对运河概念证券的狂热，国内外资金纷纷涌入纽约，华尔街变得更加繁荣，开启了其历史上第一轮大牛市。

19世纪的美国经济"一枝独秀"，欧洲资金争相涌入。1847年，美国股票的海外持有量为1.9亿美元，10年后增长到3.83亿美元。19世纪50年代末，电报技术为华尔街插上翅膀，华尔街的金融影响力大幅增加，纽约也逐渐取代费城和波士顿，成为美国的金融中心。

**内战中的特殊战线**

1861—1865年，美国经历了历史上最大的伤痛——南北战争。战争初期，南方军队连连得胜，1862年美国总统林肯发表《解放宣言》，极大鼓舞了北方军队的士气。

战争一旦打响，金钱开始派上用场。面对巨额战争债务，北方联邦政府开始求助华尔街。当时，作为北方联邦政府代理人的银行家杰·库克另辟蹊径，绕过银行，革命性地让华尔街直接向公众发售债券，并获得巨大成功。到战争结束时，北方联邦政府债券筹资的速度比战争部门花钱的速度还快。

相比之下，南方政府就没有如此幸运了。战争债券的踊跃购买让北方的战争开支不再成为问题，而本来财大气粗的南方却逐渐陷入困境。南方政府严重依赖印钞支付战争费用，引发了相比战前高达90倍的恶性通货膨胀，无奈之下只能接受战败。

南北战争期间，大量投资者涌入金融市场。到1865年战争结束时，华尔街的年证券交易量已达到空前的60亿美元。由此，华尔街跃升为仅次于伦敦的世界第二大资本市场。

**钢铁时代**

铁路是19世纪中叶最具变革性的新生事物，它的出现连接了国内市场，推动了规模化生产，带动了对钢铁和煤炭产业的巨大需求，直接推动了人类历史上重工业的发展。此时的华尔街羽翼渐丰，足以施展更大才华。华尔街成为美国铁路发展的助推器，而铁路证券的狂热投资以及铁路本身所带来的巨大经济效益，又将华尔街带入了一段非比寻常的历史时期。

19世纪80年代中期，三条铁路——纽约中央铁路、伊利铁路和宾夕法尼亚铁路共同支撑着从美国中西部到纽约的商贸运输，彼此竞争激烈。19世纪末开始，美国大量企业展开并购。资本的力量并非财富本身，而在于能够寻找到最佳方式，对财富进行重新排列组合，华尔街深谙此道。华尔街主导重组了当时美国多家主要铁路公司，并进军更多行业。1901年3月，摩根大通与钢铁大王安德鲁·卡内基达成世纪交易，成立了合众国钢铁公司，随后又陆续吞并了700多家相关钢铁企业，整个钢铁集团资本达14亿美元，而当时整个美国制造业的总资本不过90亿美元。

美国迈入钢铁时代，在短短的几十年里，钢铁产量就超过了全欧洲的总和。雄厚的商业资本转化为工业资本。19世纪末到20世纪初，美国迅速崛起所需的巨额资金正是以摩根大通为代表的华尔街人筹集来的，美国完成了波澜壮阔的工业化进程，一举成为世界最大的经济体和新兴的超级大国。

第二章

**大萧条后"绝处逢生"**

1929年10月24日,美国爆发了一场严重的股灾,1300万股股票在纽交所竞相低价抛售,市场恐慌迅速蔓延。突如其来的抛售狂潮犹如野马脱缰,仅10月28日当天,50种主要股票价格平均下跌40点,一场空前严重的经济萧条在美国拉开序幕。1930—1933年间,美国GDP下滑了近1/3,20世纪20年代的繁荣转瞬即逝,危机迅速波及欧洲和全球。为重振经济,1933年美国实施"罗斯福新政",大刀阔斧推动经济改革,并着手改造岌岌可危的华尔街。美国政府1933年颁布《证券法》和《格拉斯—斯蒂格尔法》,1934年颁布《证券交易法》并成立美国证监会,1940年颁布《投资公司法》和《投资顾问法》。自此,华尔街开始接受监管的约束,迈向"阳光交易",这也为随后几十年美国金融市场的繁荣奠定了基础。

大国崛起离不开资本市场强有力的支持,在国家和世界命运的转折点,资本市场的力量有时甚至是决定性的。两百多年来,华尔街在资本市场的舞台上取得了非凡成就,同时也有力推动了美国的崛起。今日,华尔街依然是美国经济的"晴雨表",两者相生相伴,共同见证、影响着世界历史的变迁。

## 英镑危机与帝国衰落

英国是人类历史上第一个全球性的霸权国家。然而，19世纪"不列颠治下的和平"并未长久，美国最终凭借第二次世界大战领导者和战略物资提供者之便利，一举取代英国，实现"美国治下的和平"，英镑的国际地位也被美元所取代。

### 帝国斜阳

19世纪90年代，美国经济实力已超过英国，但世界金融中心依然是伦敦而非纽约。英国凭借几个世纪积累的经验和无可比拟的优势，一直保持着世界贸易中心和金融中心的地位。随着19世纪末第二次工业革命的到来，新兴资本主义工业国家后来居上，英国遭遇严峻挑战，其海外贸易日趋萎缩。1914年一战爆发，英国深度卷入战争，经济实力受到重创。一战后，美国从债务国一跃成为债权国，对充当世界政治与经济"领头羊"的信心达到了高点。

一战中的欧洲战债和赔款问题，让美国经济与欧洲经济进一步紧密联结。此时英国已元气大伤，英镑的世界货币地位受到严峻挑战。英国并不甘心拱手相让霸权之位，幻想着能够守护住英镑的国际地位。战后世界经济秩序面临着重建，1925年英国率先带领欧洲重返金本位，试图再次掌握昔日的世界经济领导权。

然而，1929年意料之外的经济大萧条却无情浇灭了英国自欺欺人的热情。

经济大萧条在英国首先引发了政府更迭。1929年工党上台后，无视国内巨额财政赤字，继续坚持贸易开放和货币自由兑换。然而，其他国家却纷纷限制出口、增加进口，国际贸易由此陷于停滞，英国经济加速衰落，其拯救世界经济的幻想随之破灭。大萧条严重冲击了西方各国经济，为美国角逐世界经济霸主地位提供了机遇。

**英镑坠落**

大萧条下，英国"内忧外患"交加，国际收支急剧恶化，黄金储备加速流失。1931年7月下旬，黄金以每天250万英镑的速度外流，两周之内，英格兰银行的损失超过1.5亿美元。9月21日，英国宣布放弃金本位并禁止黄金出口，几天之内英镑贬值25%。此举震动了国际金融界，极大损害了英国作为世界经济领头羊的信誉，"多米诺骨牌"依次倒下。到1932年4月，23个国家相继放弃、17个国家实质性脱离金本位，英镑区急剧收缩。正如后任美国肯尼迪政府财政部长的克拉伦斯·狄龙所说："我们关注英镑很多年了，我们认识到世界正步入一个新的时代，英格兰不再能独霸世界金融市场，他们只是游戏中的另一个成员而已。"1931年9月到1932年7月的短短十个月中，英国先后放弃了金本位，通过了《非常紧急进口法案》《普遍关税法》和《帝国关税协议》，标志着一个世纪以来的以金本位和英镑为基础的开放性国际经济和自由贸易政策在英国彻底"寿终正寝"。

1933年，美国罗斯福总统实施上台后的第一项举措——宣布美元脱离金本位。1934年伦敦世界经济会议上，他以"炸弹电报"击碎了英法在货币稳定上的幻想，新一轮国际货币战由此开启。美国高价收购黄金，牢牢控制美元的黄金价值。直到1934年1月30日，美国国会通过了《黄金储备法案》，第二天宣布恢复美元与黄金的汇率，才为几年来美元和英镑的贬值之争画上了休止符。在货币急剧贬值的20世纪30年代，美国将大量黄金收入国库，为其在国际经济中的霸权地位奠定了雄厚的基础。

**二战的致命一击**

直到二战前夕，英国仍然是国际体系中的霸主，而二战则带给大英帝国最沉重的一击。二战中，英国的军费支出已超其国内生产总值的1/2，为了维持世界"银行家"形象和英镑作为世界货币的地位，英国还要为其盟国的战争支出融资，背负了沉重的战债。二战爆发后一年，英国的美元储备即将告罄，无奈之下只能向美国求援。1941年3月，美国罗斯福总统签署《增强美国防御法案》（即《租借法案》），以此逼迫英国废除帝国特惠制。

二战的结果对英国来说，虽是胜利但更是悲剧。战后的英国

## 第二章

经济凋敝,贸易萎缩,英镑大幅贬值,海外资产几乎丧失殆尽,1945 年出口贸易已降到战前的 1/3。然而,二战结束后,美国立刻叫停了《租借法案》,英国希望继续通过"租借"以缓解财政困难的愿望落空,英美财政贷款谈判开始。为及时获取贷款,英国被迫接受了美国提出的 1947 年 7 月 15 日前实现英镑自由兑换的条件。美国这一做法根本目的在于打击英镑的国际地位。果然,当英国如期放开英镑自由兑换后,其他国家迅速将所持英镑兑换为美元,英国仅第一个月就损失了 10 亿美元的外汇储备,而当时英国所有的黄金和美元储备还不到 25 亿美元。此时,英国依赖于美国的援助,完全失去抗衡资本。而美国拥有全球 3/4

< 伦敦金融城金融区

的黄金储备，并凭借傲视群雄的军事实力，稳固了美元的国际地位。1944年7月，布雷顿森林会议召开，美元真正实现了一统天下，英国在失去经济霸权的同时，也将世界霸权拱手让给了美国。相继爆发的两次世界大战耗尽了英国的国力，英国因战争成为"日不落帝国"，同样，帝国因战争轰然坍塌。

20世纪50年代，美国逐渐向英国传统势力范围中东地区渗透，大有取而代之之势。1956年的苏伊士运河危机为美国提供了绝佳的机会。当年10月29日，英法联合以色列瞒着美国发动对埃及的军事入侵，使危机上升为战争。美国不顾盟友关系，拒绝给予英国任何援助，并动用一切手段迫使英国撤军。本来英国9月份的美元储备已下降了5700万元，战争恐慌使得10月份又下降了8400万元，11月份占英国美元储备总数15%的2.79亿美元又从伦敦流出。失去美元储备支撑的英镑，贬值将不可避免。英国被迫接受撤军，并在美国支持下获得了国际货币基金组织13亿美元借款。运河危机让英国名利双失，一扫大国威严。至此，英国金融危机结束，英镑从国际货币的神坛走下。这也标志着"日不落帝国"时代的结束——它不得不依赖一个更加强大的伙伴，这就是美国。

第二章

# 清朝财政危机与鸦片战争

西方史学界一般将公元 1500 年视作古代与近代的分界线。世界潮流,浩浩荡荡,当欧罗巴诸国趁着文艺复兴、地理大发现、工业革命的大潮高歌猛进时,中国却"躲进小楼成一统"。正如保罗·肯尼迪在《大国的兴衰》中写道:"郑和的大战船被搁置朽烂,尽管有种种机会向海外召唤,但中国还是决定转过身去背对世界。"

**物换星移,落日辉煌**

清朝仍沿着原有的封建轨道滑行,对世界历史大变动、大转折正加速演进丝毫没有察觉,抑或视而不见。封建专制、思想禁锢、锁国自守的政策延续了下来,且尤有过之;与此同时,"诸欧治定功成,其新政新法新学新器,绝出前古,横被全球"。古老的中央帝国与时代的大潮真正地背道而驰、南辕北辙了。

实际上,清朝前期,文治武功颇盛。从疆域看,国土广袤,鼎盛时期超过 1300 万平方千米,蒙古、西域、青藏高原牢牢纳入中国版图,中华民族大一统的疆域轮廓最终确立;从人口看,从清初约 1 亿人增加到 4.5 亿人,约占当时世界人口的 1/3,比中国历史上任何时期都要多;从经济看,清初经济总量位列世界第一,对外贸易急剧增长、长期出超,财政盈余日渐丰腴,农业、手工业、城市发展等都曾达到世界先进水平。如果仅以纵向的历史眼光审视，清朝达到了两千年来中央集权模式的最高成就。

单从财政金融视角透析，清朝的财政制度也是中国古代中央集权财政体系里做得最平衡、最简洁、最高效的。清初财政继承明朝的"一条鞭法"，加上"新增人丁永不加赋""摊丁入亩""火耗归公"三大改革，保证了政府的财政充裕，民间经济保持了百余年的稳定繁荣。清朝享国268年，"康乾盛世"凡138年，若以时间计算，在国史上仅次于"贞观—开元盛世"。康熙帝去世时，国库盈余800万两白银，雍正帝留下了2400万两，乾隆帝虽然好大喜功、连年用兵、六次南巡、开支无度，仍留下了7000万两盈余。如果算上最后流入紫禁城的巨贪和珅的8亿两家产，迈入19世纪的清朝，虽已呈日坠西山之势，却仍现辉煌怒放之姿，勉强维系着封建时代中国社会独立发展演进的最后的倔强。

**内忧外患，失血的巨人**

夕阳终究没过了地平线，绚烂的晚霞散去，夜幕已降。老朽帝国沉疴已久，吏治腐败回天无力，拖欠赋税愈演愈烈，种种问题的总征兆，就是清朝财政的日益紧张。很快，刚迈入19世纪，第一次财政危机就来临了。嘉庆皇帝即位伊始，就遇上了一个大麻烦——白莲教起义（又称"川楚教乱"）。这是清朝中期规模最大的一次农民战争，历时九载，波及鄂、川、陕、豫多省，清政府"竭宇内之兵力而后定之"，耗费2亿两白银，相当于5年的财政收入，国库被耗空。

与此同时，白银外流日益成为困扰清政府的一个重大经济和政治问题。

中国自15—19世纪在事实上奉行银钱并行的货币制度。随着地理大发现和工业革命的开展，闭关自守的中国仍不自觉地卷入第一轮经济全球化进程，并在国际贸易中占据举足轻重的地位。德国学者弗兰克在《白银资本：重视经济全球化中的东方》一书中甚至得出了"全球经济秩序名副其实地以中国为中心"的结论。据中外学者估算，明清时期全世界约有5.5亿—8亿两白银以贸易顺差的形式流入中国，其中"康熙二十年（1681年）到道光十三年（1833年）的153年中，东西方诸国输入中国的白银至少几亿两之多。……仅东印度公司的记录就有7000万两之多"。

东印度公司的背后是英国政府。18世纪中叶以后，中英贸易发展迅速，往来于伶仃洋（广东省珠江口外喇叭形河口湾）的外国商船中，英国商船占75%以上。随着英国跃升为世界头号强国，在世界范围内建立起庞大的殖民贸易体系，其对中国的贸易需求也越来越大。"在1760—1833年这70多年间，中英贸易额增长很快，其中进口贸易增加了9倍，出口贸易增加了15倍多，直到19世纪20—30年代，清政府每年仍出超200万两至300万两"。在与中国的贸易中，英国贸易逆差巨大，一直处于劣势；又因为清政府对外贸易均用白银结算，英国自身不生产白银，巨大的贸易逆差无疑是英国不能忍受的，英国政府迫切要求改变这种贸易状况。

于是，英国利用臭名昭著的鸦片贸易，意图扭转对华贸易逆差。1757年英国占领鸦片产地孟加拉后，东印度公司开始大规模贩运鸦片。1773年，英国政府给予东印度公司鸦片专卖权，英国输华鸦片的数量迅速增加。至1839年前后，输华鸦片规模达到了3.5万箱左右，市值白银2000万两。鸦片贸易从根本上逆转了清朝对外贸易的形势，中国在1826年第一次出现了贸易逆差，此后出现持续的、逐年扩大的贸易逆差，大量白银从中国流入英国和英属印度。据不完全统计，1814—1839年间，从中国流向英国的白银达1亿两之多。

鸦片贸易致使白银外流愈演愈烈，进而引起银价飞涨，银源枯竭，清朝犹如失血的巨人，虽仍以大块头示人，实则败絮其中了。林则徐睁眼看世界，认识到银元已成为国际贸易中共同遵循的结算规则，清政府的货币制度已到了非改革不可的地步。林则徐的币制改革主张是拯救清朝的一剂良方，成为化解鸦片危机与金融财政危机的双重突破口，假设清朝能够推出国家化的银元货币，则一定程度上可以缓解鸦片贸易及洋钱套利带来的循环贸易恶果。遗憾的是，道光皇帝依旧沉迷于天朝上国的迷梦中，千年成例和祖宗家法成为其难以摆脱的桎梏，面对着腐败的朝局、贫瘠的财政、虚弱的军事与凋敝的民生，以及珠江口咄咄逼人的夷商和挑衅不断的英国军舰，大清帝国这位失血的巨人终于还是失去了自救的机会。

**鸦片战争也是一场金融战**

时代的钟摆来到了 1840 年，这是一个让所有中国人倍感屈辱的时刻，迷梦中的天朝上国猝不及防遭遇了一场战争——鸦片战争（英国又称"通商战争"），这是近代中国无数屈辱历史的开端。历史学家蒋廷黻曾论述道："中西关系是特别的。在鸦片战争以前，我们不肯给外国平等待遇；在以后，他们不肯给我们平等待遇。"关于这场战争，我们一般简单地将其界定为非正义的侵略战争，并从政治、军事、科技诸方面得出"落后就要挨打"的结论。西方学界则有不同的见解，卡尔·马克思认为"天朝帝国万世长存的迷信破了产，野蛮的、闭关自守的、与文明世界隔绝的状态被打破，开始同外界发生联系"；彭慕兰则从经济史的角度提出了这场战争的"不可避免性"。

其实，这场战争完全也可以称作是一场金融战争。从起因看，鸦片是英国为了解决对华贸易逆差而找到的走私产品，其最初目标是解决大英帝国的资本外流问题，这场战争本质上是谁占有贸易顺差、白银流向哪一方的资本（金融）战争。此外，广东公行以东印度公司作为金融中介与英格兰银行之间的巨额商欠（即债务问题，仅利息就高达300万两），也是鸦片战争爆发的诱因之一，因此无论是《川鼻草约》还是《南京条约》，其中一项重要内容就是处理"商欠"问题。到1840年，一方面是清朝政府在清理公行财务的同时要求废除鸦片贸易，一方面是英格兰银行和东印度公司要求偿还投资和利息，这种金融纠纷以虎门事件为导火索，最终导致了鸦片战争的爆发。

从支撑战争的条件看，战争是烧钱的游戏，最考验一个政权的财政能力。鸦片战争前，伦敦早已取代阿姆斯特丹成为全球最大的金融中心，拥有活跃充裕的资本市场，英国政府可以支撑起长期、庞大的军事行动。1840年6月，英国全权代表、英军总司令懿律率领舰船40余艘、士兵4000余名组成的庞大舰队敲开了中国的大门，鸦片战争正式爆发。"要知道，当时一艘现代化战舰，价格相当于工业革命时一座最大的工厂。一支舰队，就等于全国最大的几个企业漂在海上。跨越半个地球的远征所提出的财政挑战可想而知，但英国政府对此能从容应对。"反观清政府，此时已深陷金融财政危机，国库空虚，白银外流，"中原几无可御敌之兵，且无可以充饷之银"；林则徐币制改革胎死腹中，清政府财政仍然依靠以土地为基础的落后的税收体系，根本没有应对突如其来的战争的融资能力。

# 第二章

从战争结果看，清朝金融财政主权遭受侵犯，逐渐走上半殖民地半封建化的历程。《南京条约》规定，清政府对英国赔款2100万银元，其中鸦片款600万银元、商货款300万银元、军费款1200万银元，这是外国殖民者参与分割中国财政的开端，中国财政第一次有了对外赔偿支出。同时，《南京条约》规定，"英国商民居住通商之广州五处，应纳进口、出口之货税饷费，均应秉公议定则例"，中国关税由自主变为协商，这是对中国金融财政主权的严重侵犯。战争结束后，英国等国的工业制成品大规模涌进中国市场，开始瓦解沿海地区的自然经济，造成当地农民纷纷破产，这等于摧毁了清政府的税源，清政府的经济金融危机进一步加剧，并逐渐向社会危机和政治危机演进。

从战争影响的延续性看，鸦片战争后，中国陷入了一败再败、割地赔款、金融经济主权进一步丧失的恶性循环。战后西方国家纷纷在中国开设银行，西方资本大量涌入，外国银币几乎占中国市场的1/3以上，中国政府的货币主权进一步丧失，货币金融体系危如累卵。虽然清政府终于在1887年接受了张之洞的建议，开始铸造国产银元（每枚重七钱二分，背面有蟠龙纹，又称"龙洋"），但此时的清政府已失去了货币管理权，国产龙洋并未改变清朝货币金融体系崩溃的命运。中国货币金融市场成为西方投机者的冒险乐园，西方殖民者利用金融工具不断套利，外国银行通过发行纸币吸收中国资金，然后又利用这部分资金投资中国市场，极大扰乱了中国的金融市场，导致通货膨胀日益严重，百姓生活愈发艰难。此外，西方银行还以贷款的方式将清政府牢牢地钳制住。清朝最终无力回天，走向了垮台的结局。

## 成也金融，败也金融

### 金融兴则霸业成

西方人对金融与霸权的关系认识深刻，实践丰富。塞缪尔·亨廷顿在《文明的冲突与世界秩序的重建》一书中，列举了西方文明控制世界的十四个战略要点，其中第一点是"控制国际银行体系"、第二点是"控制全部硬通货"、第五点是"掌握国际资本市场"，十四个战略要点中有三个与金融直接相关。国际金融史表明，没有一个近现代大国可以不依靠金融而确立国家地位。

现代金融起源于欧洲，从以佛罗伦萨为代表的"北意大利金融"，到阿姆斯特丹为代表的"荷兰金融"，再到以伦敦为中心的"英国金融"和纽约华尔街的"美国金融"，近世以来的霸权，基本上随着金融制度的创新和金融中心的转移而更替。

早期的金融起步于地中海的海上贸易，意大利人创造了贸易伙伴的合作形式，将投资者和经营者分离，工商信贷渐成气候，金融资本缔造了第一个国家——威尼斯共和国。威尼斯共和国的

## 第二章

殖民地遍布地中海，长期维持着海上霸权，其顶峰时期人口不过十几万，却能利用其金融资本支撑当时欧洲最大规模的战争，所谓"炮舰外交"就是威尼斯人的专利。

地理大发现后，贸易航线由地中海转移至大西洋沿岸，阿姆斯特丹成为欧洲的金融中心。荷兰人把国债市场化和国际化，让全欧洲的投资者自由认购，并成立了历史上第一家上市公司——荷兰东印度公司，股票市场从此诞生。17—18世纪，荷兰开创性地将商业银行、股份公司、证券交易所、转账结算、国际汇兑、信用等统一成一个相互贯通的金融和贸易体系，被经济史学家称为"金融革命"，成为恩格斯眼中"17世纪标准的资本主义国家"。凭借领先世界的金融制度创新和爆炸式的财富增长，荷兰终成"海上马车夫"，成就一代世界经济霸权。

工业革命和金融霸权共同成就了"不列颠治下的和平"。大英帝国凭借着军事、工业、贸易、殖民地市场等领域的卓越地位，以及世界最大资本输出国、高效的公共信用及货币体系的优势，在1816年颁布《金本位制度法案》，率先以法律形式确立了金本位货币制度。此后欧洲诸国、美国、日本等纷纷效仿英国采用金本位，到19世纪70年代末，全球形成了国际金本位制度，人类历史上最早的、统一的国际货币体系诞生了。英镑成为国际货币体系中的霸主，成为国际金本位框架下的纸币之王，成为人类历史上第一个国际化的主权纸币，和黄金享有同样的世界货币地位。

二战以后，美元取代英镑，成为世界信用货币。最初，美元霸权与英镑霸权一样，都是金汇兑本位制下的货币霸权，1971年美元与黄金脱钩以后，美元霸权摆脱了黄金桎梏，走上了更高层级的霸权之路。自20世纪70年代以来，美元受益于美国政府的一项战略性安排——"石油—美元体系"，成为世界的绝对信用货币。美国用印刷一张纸的成本，就能从全世界获取与纸币面值等同的商品、劳务和服务。加之美国主导的一系列国际制度安排，如WTO、IMF和世界银行等仍主导着世界经济运行；保持着高度开放的对外经济关系，拥有开放、自由、健全、发达的金融市场和金融产品；能够在金融危机爆发后运用政策工具向全世界转嫁危机，收割新兴市场财富，须臾之间转败为胜，使得美元与美国霸权相得益彰，至今未衰。

**金融的战略属性**

金融是现代经济的核心，已融入人类社会发展全过程和各领域，其已超越单纯的经济工具的角色，成为国家治理的重要手段，也成为国际竞争博弈的战略性工具。邓小平同志曾做出一个重要论断："金融搞好了，一着棋活，满盘皆活"；同样，金融搞不好，一着棋输，满盘皆输。历史上不乏这样的例子。

英国在通向"日不落帝国"的征途中，除了荷兰、西班牙，法国也是其争霸的重要对手。1689—1763年，英法之间打了四次争夺殖民地的战争，史称"百年战争"。初期，法国优势明显，背靠欧洲大陆，人口4倍于英国，军队更强大，自然资源更丰富，但最终输掉了战争。从战争之外的视角看，法国输在金融。1692年，英国开始对法战争筹资，发行了第一笔长期国债，此后英国金融市场随着对法战争的庞大融资需求快速发展起来，政府债券市场逐步繁荣。随着伦敦国际金融中心地位的确立，英国国债越来越受国际投资者欢迎，英国的战争融资成本也大大降低。与此同时，在英吉利海峡的另一边，法国未能及时建立起现代国债制度，一直受财政危机困扰。它一直以贷款——这种最传统和原始的方法筹集军费，还经常违约，所以不付出更高的利息是借不到钱的。战争的背后是财政，在与英国的战争中，法国付出的成本要远高于英国，这最终拖垮了法国。

战争之外，和平时期的国际博弈，金融同样是战略性工具，发挥着决定兴衰成败的关键作用。二战以后，一些国家在经历一个阶段的经济高速增长后，普遍遭遇了金融危机，有的甚至被迫中断了发展进程，这背后的深层逻辑是金融博弈。

拉丁美洲掉入"中等收入陷阱"。20世纪70年代，受石油危机影响，美国实施宽松的货币政策，美元指数走弱，国际资本大量从欧美流出；与此同时，拉美多国为发展本国经济，大力引进外国资本，推动了70年代拉美经济繁荣；但拉美国家债务急剧飙升，外债从1970年仅212亿美元增至1982年的3287亿美元，增长了15.5倍。1982年，马岛战争刺激美元指数回升，美联储收紧货币政策，国际资本大量流出拉美返回美国，推动了美国期货、国债和证券三大市场牛市。面对大幅提高的利率，拉美国家无力偿还债务，债务危机开始全面爆发，拉美国家各类资产价格暴跌，随后美国资本便杀了个"回马枪"，趁机抄底，狠狠地剪了一把拉美经济的"羊毛"，拉美因此掉入了"中等收入陷阱"。

日本金融败仗，失去三十年。二战后，日本经济开始重新腾飞，并在20世纪80年代成为全球GDP排名第二的国家，国内甚至开始叫嚣"买下美国"。美国也认识到日本对其霸主地位的威胁，于是在1985年、1987年，美国强迫日本签署了《广场协议》《卢浮宫协议》。短短4年内，日经指数翻了两番，日本人被股票、房地产牛市冲昏了头，纷纷加入这场泡沫游戏。20世纪90年代初期，美联储再度加息，国际资本迅速撤退，日本的房市、股市泡沫破裂，留下一大笔债务和坏账，需要用一整代人的时间去偿还。日本作家野口悠纪雄在《日本的反省——依赖美国的罪与罚》中沉痛表示："日本经济成于美国，也败于美国。"

美元"伏虎屠龙"，收割亚洲。20世纪80年代至90年代初，亚洲地区多国经济进入高速发展阶段，吸引了大量国际资本进入，被称为"亚洲经济奇迹"。20世纪90年代中期之后，美国经济开始强劲复苏，美元步入第二轮强势周期，美国又开启了一次"薅羊毛"行动。1997年7月，港元、泰铢、菲律宾比索、

## 第二章

印尼盾、马来西亚林吉特等货币相继遭受国际资本攻击,大幅贬值,一场席卷亚洲乃至全球的金融危机随之降临,"四小龙""四小虎"大伤元气。

殷鉴不远,在夏后之世。金融与国家兴衰可谓一荣俱荣、一损俱损的关系,金融兴则强国根基壮大,金融弱则国家安全无存。美元资本频繁收割发展中国家、准发达国家和地区的经济发展成果,凸显了金融作为国际博弈的战略性工具的作用。

# 参 考 文 献

1. [美] 罗恩·彻诺著，金立群校译：《摩根财团：美国一代银行王朝和现代金融业的崛起（1838—1990）》，文汇出版社 2017 年版。
2. [美] 约翰·S. 戈登著，祁斌编译：《伟大的博弈：华尔街金融帝国的崛起（1653—2019 年）》，中信出版集团 2019 年版。
3. [美] 本·伯克南著，巴曙松、陈剑译：《金融的本质：伯克南四讲美联储》，中信出版集团 2017 年版。
4. [英] 劳伦斯·詹姆斯著，张子悦、解永春译：《大英帝国的崛起与衰落》，中国友谊出版公司 2018 年版。
5. [美] 乔纳森·休斯、路易斯·P. 凯恩著，邸晓燕、邢露等译：《美国经济史（第 7 版）》，北京大学出版社 2011 年版。
6. [英] 威廉·阿瑟·肖著，张杰译：《货币大历史：金融霸权与大国兴衰六百年》，华文出版社 2020 年版。
7. [美] 彭慕兰著，史建云译：《大分流：欧洲、中国及现代世界经济的发展》，江苏人民出版社 2004 年版。
8. 彭信威：《中国货币史》，上海人民出版社 2007 年版。
9. 张振江：《从英镑到美元：国际经济霸权的转移（1933—1945）》，人民出版社 2006 年版。
10. 李德林：《暗战 1840：鸦片战争原来是一场金融战争》（上、下册），中华工商联合出版社 2011 年版。
11. 吴晓波：《历代经济变革得失》，浙江大学出版社 2013 年版。
12. 郭建龙：《中央帝国的财政密码》，鹭江出版社 2017 年版。
13. 金菁：《钱的千年兴衰史：稀释和保卫财富之战》，中国人民大学出版社 2020 年版。
14. 茅海建：《天朝的崩溃：鸦片战争再研究》（修订版），生活·读书·新知三联书店 2017 年版。

第二章

15　李德林:《晚清金融战:不一样的晚清覆灭史》,广东旅游出版社 2015 年版。

16　蒋廷黻:《中国近代史(外三种)》,岳麓书社 1987 年版。

17　徐振伟:《美国对欧经济外交 1919—1934》,知识产权出版社 2009 年版。

18　中共中央马克思恩格斯列宁斯大林著作编译局译:《马克思恩格斯选集(第 1 卷)》,人民出版社 2012 年版。

# 第三章

# 全球金融治理说易行难

# 第三章

全球金融治理是在国际货币制度建立、各方应对经济动荡和金融危机的过程中产生、发展和演进的，是为了实现全球金融健康和可持续发展、更好服务实体经济，各国利用不同多边平台做出的关于金融发展的重大事项前瞻性和应急性制度安排。

19世纪金本位制盛行，通过强制性金本位制度安排，参与国开始了早期金融合作与政策协调，出现全球金融治理的早期形式。在此后的国际金本位制度崩溃、货币集团林立、布雷顿森林体系兴起过程中，均伴随着经济大动荡和金融大危机，全球金融治理从中不断发展和演进。而20世纪70年代，历经戴维营的3天秘密会议，美国突然"自废武功"、放弃布雷顿森林体系，从中获取超级金融特权，拉开当代全球金融治理序幕。

2008年金融危机加速国际金融格局多元化发展，新兴力量群体性崛起，发达国家仍在全球金融秩序中掌控主动，但优势减弱。由此，全球金融治理主体形成以G20平台为引领、以传统布雷顿森林机构为支撑、以政府间金融机构为补充、以行业金融机构担任专业微观治理角色的"四层"治理框架。

不可否认，过去十余年全球金融治理取得了长足的进步和发展。但是，这还不足以确保全球金融健康和可持续发展，全球防范和化解金融风险能力尚有不足。其弊端主要体现在：G20角色定位和行动力本身就有不足，IMF和世行等传统布雷顿森林机构仍缺乏代表性和高效改革成果，美元独大的金融"溢出风险"难以解决，全球金融安全网尚未有效构建，发展融资模式短板掣肘世界经济发展。

不仅如此，新冠肺炎疫情加剧了全球金融治理"碎片化"的现实挑战。疫情助推全球经济民粹主义和保护主义升温，经济和金融全球化俨然回不到过去，发达国

# 第三章

家心态失衡、经济失速、发展失势、抗疫失信、治理失位，严重削弱了全球金融治理合力，美国更是从国际金融秩序的构建者变成现代金融治理的最大隐患。其利用美元霸权薅全球经济的羊毛、危急时刻重构央行网络等做法，加重了全球金融治理赤字。此外，疫情催生数字经济的快速发展，80多个国家已开始按自身路线图加速发展央行数字货币，抢占未来数字金融治理主导权，给未来全球金融治理提出了新的课题和挑战。

# 第三章

## 早期探索

**金本位制下的金融合作**

自1816年英国颁布《金本位制度法案》开始,英镑主导的国际金本位制度日渐盛行,黄金约束与固定汇率制度本身就涉及各国政策协调的一致行动,出现全球金融治理的早期形式。加入金本位制的国家,通过牺牲一定国内经济目标,严格执行金本位制"黄金自由输入输出、金币自由兑换、金币自由铸造"的核心原则,促进国际汇率稳定、全球贸易和资本流动的发展。

但是,金本位制也导致国际间的清算和支付完全依赖于黄金输入输出,货币数量增长依赖于黄金产量,造成了各国经济和金融实力分化,世界黄金产量有限掣肘世界经济增长。1913年,英、美、法、德、俄五国黄金存量超过全球三分之二,但其他国家金本位却愈发难以为继,参与全球金融治理的能力和意愿遭削弱。

**"热那亚会议"与挽救行动**

一战彻底摧毁国际金本位制,重建国际货币体系成为当时全球经济治理的主要议题。1922年,世界货币金融会议在热那亚召开，吸取金本位制教训，讨论创建一种节约黄金的国际金汇兑本位制度，来挽救失序的国际金融关系。其核心是：黄金仍是货币体系基础，各国纸币规定含金量，代替黄金实行支付和清算手段；本币与黄金挂钩，或者通过另一种已和黄金挂钩的他国货币"间接挂钩"来保持汇率稳定；黄金只在最后关头才可充当支付手段。

不过，金汇兑本位制只是缓解，并没有摒除原来金本位制的弊端，在国际汇率波动严重的时刻，该体系也就十分脆弱。面对"大萧条"，金汇兑本位制最终瓦解。各国建立国际金融新秩序的努力随之失败。

**货币集团林立与全球金融失序**

大萧条后至二战前，国际货币金融体系处于混沌年代，各国纷纷加强外汇管制、汇率干预，实行竞争性贬值的策略，导致了长期以邻为壑的货币战。在此期间，世界形成了以英镑、美元、法郎为中心的排他性货币集团。为缓解全球金融秩序极为动荡的风险，1936年9月，英、法、美三国组成所谓"三国货币协定"，同意维持各自货币汇率水平，尽可能不再实行货币贬值，承诺共同合作来保持货币关系的稳定。同年10月，英、法、美三国又签订了相互间自由兑换黄金的"三国黄金协定"。虽然三大主要金融大国表现出积极协调政策立场、加强金融合作姿态，但在缺乏金融体系和制度约束的动荡年代，其努力影响有限、无力回天。

## 布雷顿森林体系与美国金融崛起

伴随第二次世界大战的爆发，国际金融秩序大洗牌，美国走上世界金融舞台中央。1944年6月，44个国家代表在美国新罕布什尔州的布雷顿森林召开联合和联盟国家国际货币金融会议，通过以"怀特计划"为蓝本的《布雷顿森林协定》，从而正式确立二战后的国际货币制度。其核心是：美元与黄金挂钩，其他货币与美元挂钩，进而形成稳定的固定汇率制度；国际储备货币和清偿能力主要依靠美元，实质性形成以黄金—美元为基础的金汇兑本位制。凭借布雷顿森林体系，美国成为全球金融治理的核心，美元扮演国际货币的角色。

除制度设计外，美国还建立了世界银行和国际货币基金组织（IMF），通过主导国际多边金融机构，主宰全球金融治理。一方面，美国以最大股东身份主导IMF，掌控全球汇率监督职能，控制IMF融资安排，充当全球危机时刻"最后贷款人"的角色。另一方面，美国控制世行，以多边合作形式处理贷款和战争债务问题。美国政府建立了国际货币与金融问题国家咨询委员会（NAC），由其监督世行、IMF和其他政府间借贷机构的运作，负责人是美国财政部长。在世行和IMF投票时，美国在国际组织的执行董事要直接对NAC负责。这意味着，美国推动的是以自身意志和利益为目标的全球金融治理。

但在该金融治理模式下，早已形成一荣俱荣、一损俱损的局面。美国通过布雷顿森林体系领导全球金融秩序，但出现问题的时候却是世界的问题。为应对第一次和第二次美元危机，全球主要国家不得不合作推进"借款总安排""互惠信贷协议"，建立"黄金总库"，实行黄金双轨制，建立特别提款权（SDR），通过被动金融治理合作维系着以美元为中心的国际货币体系运转。

## "戴维营的三天"

### 秘密会议与"尼克松冲击"

1971年8月13日，本应是一个惬意的夏日周末，但时任美国总统尼克松忧心忡忡、脚步匆匆走出白宫，在海军陆战队一号专机前与早已等候多时的时任美国财政部长约翰·康纳利、美联储主席亚瑟·伯恩斯、白宫管理和预算办公室主任乔治·舒尔茨等重要经济官员会合，一同前往戴维营召开为期3天的秘密会议。与会者被提前一天突然告知，不得与包括家人在内的任何人谈论自己的去向，被要求不得在戴维营与任何外界人员通话联系。

这是由一个国家决定全球金融秩序命运的秘密会议。时任白宫高级顾问曾暗示："这是二战以来美国经济政策迈出的最大步伐……是美国经济史上自1933年3月6日罗斯福关闭美国全部银行应对大萧条以来，最重要的一个周末。"的确如此，在美国贸易逆差持续扩大、国内通胀与就业形势严峻、黄金遭遇挤兑、美元遭遇信任危机、布雷顿森林体系摇摇欲坠的背景下，此次会议承载太多的历史使命与关键决断。会议中，尼克松的基本主张是建立一个更稳定且维护成本更低的经济外交框架，而作为坚定民族主义者的康纳利直言："我就想在外国人坑害我们之前先收拾掉他们。"时任美国副财长的沃尔克坚持固定汇率制，但支持美元大幅贬值。舒尔茨反对工资价格管制，却极力主张一个基于浮动汇率的全新全球金融秩序……尽管在诸多问题上参会者存在分歧，但尼克松力排众议、高度信赖康纳利，最终决定黄金与美元不再直接挂钩，摆脱布雷顿森林体系责任约束。事实上，美国已经别无选择。《戴维营三日：1971年的一次秘密会议是如何改变全球经济》一书的作者杰弗里·加藤称："在美国内外经济和政治巨变中，会议决定已经是不完美的人能够做出的最好成绩。"

1971年8月15日，尼克松发表公开电视讲话，毫不掩饰地称："二战结束后，欧洲和亚洲主要经济体遭受重创，为帮助他们美国在过去25年里提供了1430亿美元对外援助……但现在其他国家强大了，是时候让他们承担起在世界各地捍卫自由的责任了。现在是调整汇率、主要国家回归公平竞争的时候了，美国没有必要孤军奋战。"尼克松做出三个重大决定：一是关闭黄金窗口，暂停美元与黄金兑换，外国政府不能再正常地用持有的美元兑换黄金；二是发布11615号行政令，对工资和物价进行为期90天冻结以应对通胀，实施战后首次价格管制措施；三是加征10%进口附加费，确保美国产品不会因汇率波动遭受竞争力损失。

**国际金融体系巨变**

"尼克松冲击"后，接连发生了第三次和第四次美元危机，期间虽然G10达成《史密斯协议》，采取确保美元贬值合法化、他国主要货币升值、扩大汇率波动幅度等措施，但终究无力回天。1973年，布雷顿森林体系彻底崩溃，国际货币体系发生颠覆性改变。时至今日，国际货币体系仍处于后布雷顿森林体系状态，这给世界经济、金融权力、国际秩序带来了深刻的影响，近乎塑造了过去半个世纪的世界金融秩序。巨变主要体现在国际货币制度大变迁。

一是货币发行基础变迁。在金本位与布雷顿森林体系时期，黄金充当国际货币"锚"作用。金本位下的英镑、布雷顿森林体系的美元，都同黄金挂钩，具有内在价值基础。在后布雷顿森林体系时期，黄金"锚"作用消失，美联储发行的信用货币充当国际和国别货币的双重角色，国际货币体系进入美元信用本位主导的时代。

二是汇率形成机制变迁。在布雷顿森林体系时期，美元成为中心或主导货币，黄金是美元发行基础，各国货币同美元挂钩，各国汇率在 IMF 协定允许范围内实行有限浮动，形成可调整的固定汇率制。但在后布雷顿森林体系时期，浮动汇率成为最主要特点。美元作为中心货币，其他货币以不同方式在某种程度上参照美元汇率。美元汇率脱离黄金，却无新约束机制，致使全球汇率波动频繁剧烈。

三是国际收支调节机制转变。在布雷顿森林体系时期，缺乏有效的国际收支调节手段，逆差国可以先通过外汇储备或向 IMF 融资来弥补赤字，如果达不到理想效果，则需要以国内经济政策为代价实现外部平衡，只有在 IMF 允许下才可通过调整汇率进行国际收支调节。作为最大逆差国，美国是唯一不必负担调整成本国家，不断发行美元便可解决问题，但一定程度上，要受黄金美元兑换机制约束。在后布雷顿森林体系下，浮动汇率并未成为国际收支调节的有效手段，黄金美元兑换机制消失，美国可根据自身经济和战略需要实行赤字融资政策，经常性项目和财政赤字靠外围国家资本持续流入支撑，国际收支调节成本严重不对称。

四是国际储备资产及创造机制转变。在布雷顿森林体系下，美元是最主要储备货币，黄金仍是重要储备资产。国际货币供应量主要靠美国经常项目赤字实现，也取决于黄金产量。在后布雷顿森林体系时期，美元仍是最主要国际储备货币，欧元（最初为马克）和日元在国际储备地位有所上升，世界货币供应量主要靠美国国际收支赤字实现。

## 美国独大

从美国自身看，虽然布雷顿森林体系崩溃，但美元在全球的主导地位不降反升，扮演着全球金融治理领导者角色。美国通过大量经常性项目逆差，以贸易方式推动美元流向世界，又通过深化国内金融市场，吸引美元回流国内。在美元的一出一进中，美国利用经常性项目逆差，为全球经济发展提供重要流动性。看似美国充当了最后贷款人、提供了金融稳定等公共产品，实则从中获得巨大战略与经济利益、巩固了美元霸权。一方面，新兴市场和发展中国家把通过生产和出口贸易获得的美元投入到美国金融市场，为美国经济和金融发展提供廉价资金支持。另一方面，美国由此获得了全球铸币税收益，避免汇兑风险、减少储备成本、促进金融企业繁荣等超级特权。

从国际机构看，布雷顿森林体系崩溃并没有导致 IMF 和世行的消失，它们仍是全球金融治理的重要国际机构。

一是 IMF 承担更多治理责任。自《牙买加协议》以来，IMF 仍由西方国家主导，美国在其中始终占有最大的份额和投票权，主导着 IMF 的各项议程，在全球金融治理中发挥重要作用：汇率监督。在全球浮动汇率制背景下，IMF 仍依据第二修正案确保有序的汇兑安排和汇率体系稳定，防止成员国采取歧视性汇率政策，提供国际储备。提高 SDR 的作用，使其在体系中作为美元储备的有效补充，资金融通。为遇到困难国家提供紧急流动性，但常带有苛刻附加条款，同时也为成员国平抑进出口波动、结构调整、缓冲库存等特定目的提供贷款帮扶。

二是世行在发展融资领域扮演最重要角色。美国始终是世行的最大股东，世行行长通常由美国提名的美国公民担任，以掌控这一全球重要金融机构的运作。20 世纪 70 年代后，世行主要聚焦为世界各地的减贫事业提供发展援助。在原有国际复兴开发银行、国际金融公司、国际开发协会、国际投资争端解决中心的框架基础上，1988 年世行再成立多边投资担保机构，以五大机构为依托，通过直接贷款、动员私人资本、提供担保、解决争端等方式对发展中国家的发展融资提供支撑。

从地区性和功能性机构看，20 世纪 50 年代末至 60 年代，欧洲投资银行、美国开发银行、非洲开发银行相继成立，加之 90 年代成立的亚洲开发银行，旨在促进地区经济发展的地区金融机构不断发展壮大，一定程度上补充了国际机构的业务。此外，20 世纪 90 年代由美西方主导的国际清算银行实现更大范围扩容，在处理国际清算业务、办理和代理银行业务、定期举办各国央行行长会议等方面发挥更大的国际金融机构角色。

在上述治理框架中，美国处于核心和金字塔顶端，身兼国内和全球金融治理的双重角色。这一天然缺陷，注定导致全球金融动荡和危机。

首先，"特里芬难题"无解。在美元主导的国际货币体系下，美国必须要以经常性项目大幅逆差来满足全球美元需求，本身就存在不稳定。

其次，国际机构效率和代表性不足。在发生危机时，IMF仍无力充当最后贷款人，只能靠各国与美国的临时货币互换解决"美元荒"。IMF等国际机构代表发达国家利益，对发展中国家带有苛刻条件的贷款和救助，本身就在遏制其危机后重整旗鼓、复苏的动能。

最后，美元霸权的劣根性。后布雷顿森林体系下，要维持美元霸权，必须要实现金融繁荣。可以说，金融自由主义是美元霸权之魂，金融市场化与资本跨境流动是美元霸权之基，金融创新是美元霸权之源。在全球金融监管合作缺位、美国货币政策毫无约束的背景下，这必然带来巨大金融风险。据美国国家经济研究局统计，1945—1971年布雷顿森林体系时期，世界共发生金融危机38次，发达国家21次，发展中国家17次。1973—1997年，进入浮动汇率制以来，发达国家发生金融危机44次，新兴市场发生金融危机95次，远高于布雷顿森林体系时期的水平，新兴市场发生危机次数是发达国家的一倍还要多。据艾肯格林统计，新兴市场一半以上的危机，是由国际资本瞬间逆转和加速流出所引发。尤其是，美国金融过度繁荣、经济脱实向虚，也使自身不可避免地发生2008年系统性金融危机，进而演变成全球性金融海啸。

## 全球治理新变局

### 治理逻辑

2008年金融危机暴露出国际货币体系监管不力、合作协调不足、系统性风险监控失败等诸多弊端和治理欠账，催生各国重新思考全球金融治理该去向何处。加之国际金融力量格局向多元化方向发展，也为全球金融治理演进提供重要动力。

当前，全球各方对金融治理的主要目标设定在两个层面：长期系统层面，为全球提供"金融稳定"公共物品，促进每个治理实体间的金融监管、风险预警和国际合作。同时，发挥金融在促进全球经济发展、减少地区贫困等方面的独特作用，优化资源配置、加大对发展中国家援助。短期现实层面，加强各方宏观经济政策协调，提供充沛金融资源支持，有效应对包括金融危机、突发性公共危机在内的各种风险。

此外，2008年金融危机后，全球金融治理的行为准则一定程度反映出各参与国共同利益，避免霸权国家独大的多元化倾向。但在美元主导的国际货币体系下，全球金融治理的行为准则短期内难有清晰的强制性规范，也导致了全球金融治理体系在很长时期内仍将是一个松散的、多层的国际组织网络。

后危机时代，全球金融治理实体由四个层面构成，正在表现出新动向和特点。

第一层面，G20登上全球经济与金融治理舞台中央。2008年金融危机后，占世界GDP的80%、国际贸易的75%和全球人口60%的G20取代G7担任起全球经济和金融治理主角，也成为连接主要发达国家和新兴经济体的最主要战略性多边合作平台。G20的轮值主席国每年由其成员轮流担任，由担任主席国的国家与其前任和继任者（也称为"三驾马车"）共同努力，以确保议程的连续性。

为使G20在金融治理领域共识有效落实和执行，2009年"金融稳定论坛"升级为"金融稳定理事会"（FSB），成为维护全球金融稳定、保持金融部门开放性和透明性、实施国际金融标准的最重要治理机构。虽然FSB不是基于条约的国际机构，其相关建言及主张也不具有法律约束力，但作为一个囊括主要大国和地区以及全球主要金融稳定政策制定部门的平台，一旦各方达成政策一致和最低标准，FSB也有权执行和行动。其主要职责包括：评估国际金融体系脆弱性、协调成员国和相关国际组织间政策立场、监督和评估全球金融治理规则实施、对国际标准制定机构进行联合战略审查并协调各自的政策制定工作、与 IMF 合作开展风险预警演习等。

第二层面，传统布雷顿森林机构积极求"变"。一场金融海啸使 IMF、世行等传统国际金融机构的治理能力饱受诟病，加剧其自身危机感，并主动求"变"。

一方面，积极与多边机构合作并发挥重要作用。IMF 通过列席 G20 会议、成为 FSB 正式成员，积极与诸多国际组织合作，在加强金融监管、风险预警、提供融资安排、金融标准和规则设计等方面发挥更重要作用。此外，在发展融资领域，世行也在积极探索同新兴多边开发银行、开发金融机构和其他国家支持的融资工具合作，以解决发展中国家长期经济增长所遭遇的挑战。通过多边合作，避免被进一步边缘化。

另一方面，积极进行自身机构改革以提升影响力。金融危机后，在广大新兴市场和发展中国家的疾呼下，IMF 加速推进份额和投票权改革，并进行多轮增资以应对未来危机。在 2010 年世行投票权的改革中，中国在世行的投票权从 2.77% 上升到 4.57%，排名仅次于美、日，开始稳居第三位。欧洲投票权有所下降，新兴市场影响力得到一定程度的整体性提升。

第三层面，相关政府间金融机构发挥金融治理的重要补充作用。BIS 正在发挥更大的影响，旨在为 63 个成员国的央行和金融监管当局提供对话与合作平台，实现全球货币和金融稳定，把自身定位为央行的央行。其协调巴塞尔银行监管委员会、支付与市场基础设施委员会、全球金融体系委员会等6大机构，增加审慎性金融监管、全球金融标准设定。此外，金融稳定委员会、国际存款保险机构协会、国际保险与监管者协会将秘书处设在BIS，但具有独立治理结构，负责在金融稳定、存款与保险等领域的政策标准设定和执行。上述分支机构和相关组织各自分工、相互协作，成为全球金融治理的重要补充。除BIS外，国际证券委员会组织（IOSCO）等，也在加强证券等行业监管和公认国际标准制定，为IMF和世行行业评估提供分析基础，与G20和FSB密切合作，在积极参与全球金融治理等方面发挥重要作用。

第四层面，相关非政府间金融机构扮演专业化治理角色。非政府间金融机构主要包括行业协会和行业标准制定组织。当前，国际会计准则理事会、国际会计师联合会、国际金融协会、国际掉期与衍生工具协会等国际机构，凭借其特定领域专长和市场影响力，积极推进各自行业领域的标准制定和执行，以减少金融风险、增加行业监管，一定程度上成为全球金融治理的"毛细血管"，发挥金融稳定的微观作用。

**治理赤字**

但是我们也要看到，伴随全球金融治理向多元化发展，全球治理体系也暴露出一些现实问题和挑战。

G20角色定位和行动力仍有不足。作为全球最重要的国际经济和金融政策协调机制，G20在应对2008年金融危机中发挥了不可替代的作用，但其仅是主要经济体磋商的平台，缺乏清晰而有力的约束机制，战略主张和政策落实方面仍欠缺。尤其是，G20仍无秘书处，意味着在全球金融治理实践中，政策落实仍需依靠诸多国际金融机构协调与配合。

再者，G20与主要国际金融机构的角色定位仍不清晰。《G20全球金融治理名人小组报告》指出，定位好G20与主要国际金融机构的关系，是实现高效金融治理的关键。但现实中G20除为主要大国提供战略设计与沟通平台外，FSB等机构也将职责扩展到政策协调和规则设计执行等领域，与IMF等重要国际机构协调合作，角色定位时有不清，影响全球金融治理效率。

传统布雷顿森林体系的机构缺乏高效改革。金融危机后，虽然IMF和世行等国际金融机构实施改革、向多元化方向迈进，但改革力度明显不足、推进速度过缓，只进行了一定规则的调整，没有触及核心的变革。具体而言：

一方面，治理模式缺乏合理性和效率性。两大国际金融机构中的权利分享模式不合理，金融机构缺乏代表性。虽然发达国家承诺让渡给发展中国家更多份额，但发展中国家仍然未改被支配地位。新兴市场对全球经济贡献率和在IMF的话语权严重不对等，无法充分反映当前世界各国经济发展水平和力量变化。其中

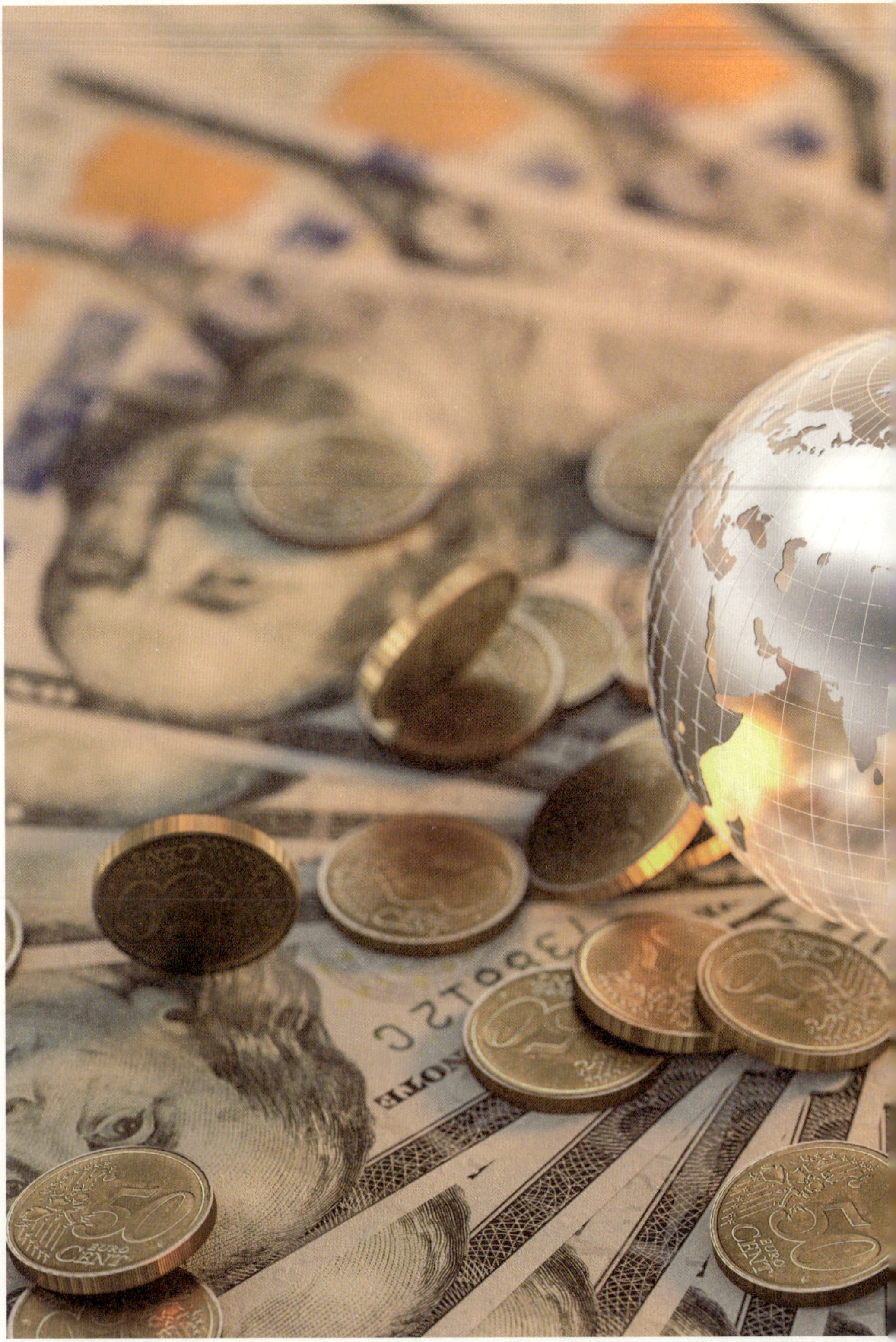
50
EURO
CENT

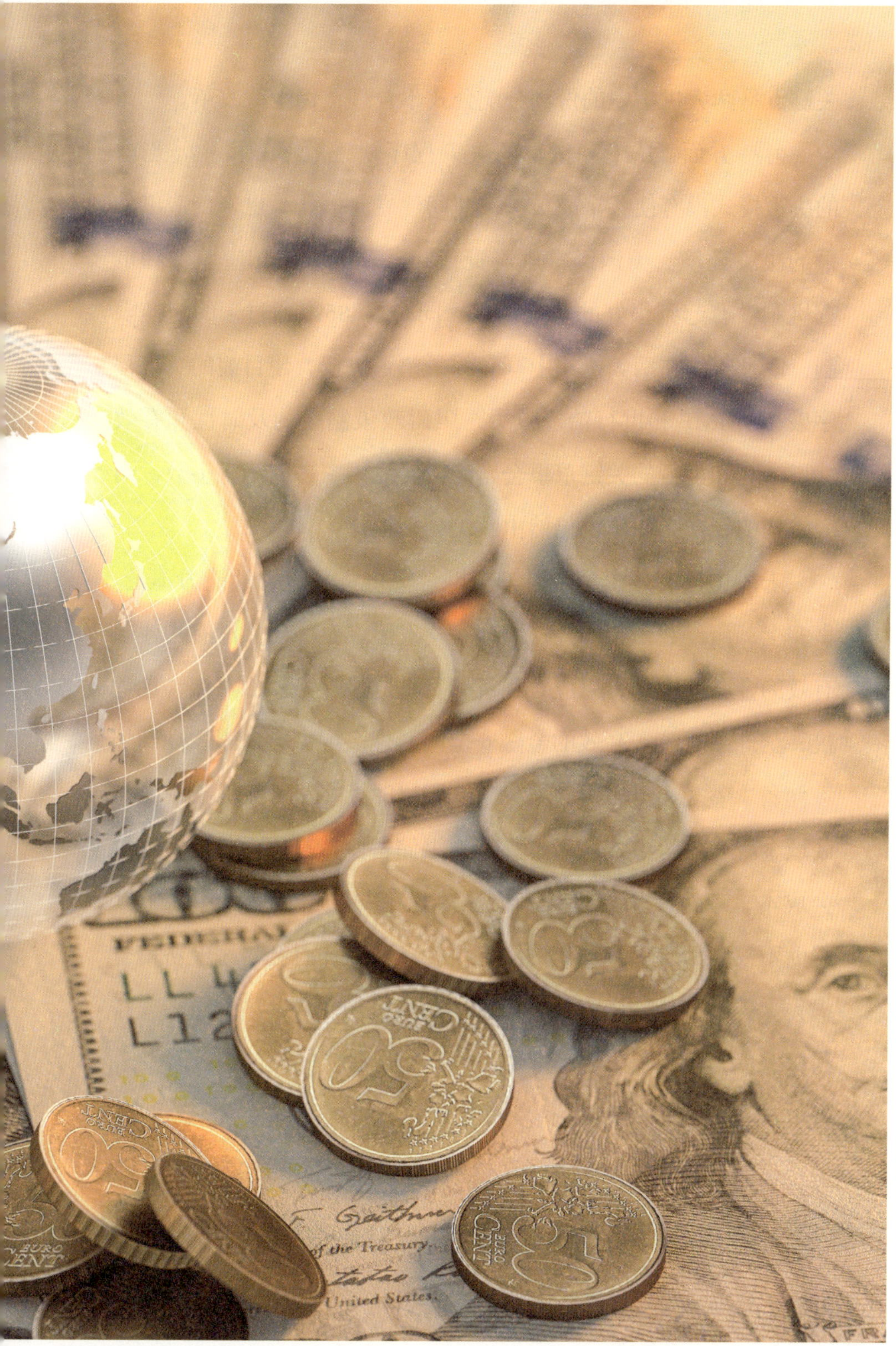
FEDERAL
EURO CENT
of the Treasury.
United States.

关键点是两大机构中的份额分配公式不合理，仍亟待改革。

另一方面，IMF和世行的决策程序缺乏效率和民主。当前的决策模式没有使各个成员国彼此间建立起信任，更未创造出公平的决策环境。美国经常逃避责任和条款约束，相应监督和审查机制没有起到很好的防范作用。同时，"85%通过"的门槛限制，以及美国在两大机构中享有的一票否决权，使目前的决策程序破坏了IMF和世行治理效力，阻碍政策制定的及时性和有效性。IMF和世行的关键董事会席位由美欧国家占据绝大多数，两大机构的领导人职位也仍然由欧美分别把持。

未能构建有效全球金融安全网，提供紧急流动性能力不足。事实上，历经数十年的经济与金融化发展，全球仍然没有构建起有效的金融安全网，以应对经济和货币危机冲击。面对流动性危机，全球未有统一高效的金融安全网，许多国家尝试累积高额外汇储备、签署双边货币互换、寻求IMF紧急流动性贷款、参与区域金融安排等方式应对。高额外汇储备使持有国面临巨大的机会成本，双边货币互换规模有限难以解决全部问题，寻求IMF帮助不仅要面临后续严苛的附加贷款条件，而且会带来经济信誉损失。因此，全球亟需一个由全球多边机制主导、区域金融安排与国家间货币互换相补充、各方相互协调整合的金融安全网络。IMF通过设立流动性工具发挥维护全球金融稳定的中坚作用。但不幸的是，进入后布雷顿森林体系以来，国际机构始终缺乏金融资源，为世界各国在关键时刻提供充足流动性。

此外，金融监管和风险预警能力有待进一步加强。目前，全球金融治理的四层体系，均承担了一定的金融监管职能，但多边论坛组织、国际重要金融机构、主要政府间组织与非政府间的行业协会组织等推进各自层面的金融监管缺乏一致行动和有效协调，出现某些领域监管重合与缺位并存的情况。在风险预警方面，IMF、FSB、BIS均各有特点、各有侧重，但不足之处是仍没有形成更高效的、囊括主要机构在内的统一风险预警体系。

美国政策"溢出效应"风险难解。在当前美元主导的国际货币体系下，美元仍在某种程度上充当世界"锚币"，美元资产和储备也是他国应对危机和风险的最主要手段。因此，当美国为应对国内经济问题而采取财政和货币政策时，相应利率的大幅调整和转向等操作，将引发全球汇率波动、资产价格波动、国际资本冲击等风险。美元既是美国的货币，也是世界的货币。但全球治理从未能根本性设计出规制美元霸权的标准，以及约束美国滥用自私性经济政策的规则，导致了"美国频繁惹祸，世界不断灭火"局面。这是全球经济金融治理之殇，更是世界金融乱象之根。

发展融资亟待提质增效。首先，未能有效引导跨境资本为世界发展服务。面对发展中国家的经常性项目逆差，在不引起市场波动的情况下跨境资本有序为其提供融资支持方面，国际金融治理机构引导与监管的并不好。相反，大规模资本的快进快出给发展中国家带来经济动荡甚至是危机。其次，缺乏为发展中国家提供"接地气"的经济政策。IMF、世行和地区开发银行为发展中国家提供深化国内金融市场的政策和技术援助时，常缺乏相互沟通和协调，也时常缺乏符合当地发展实情的可行政策，导致相关国家不仅没有实现金融自由化、提升经济增长潜力，反而陷入了新的主权债务等困境。最后，吸纳私人部门参与度不足。在具体发展援助项目上，国际机构激发私人部门参与和投资的力度不够、形式有限，未能形成更丰富的支持发展中国家减少贫困和发展的资源。

由此，作为全球金融治理中心的 G20 应加强顶层战略设计、捋顺与其他国际和地区金融机构的协作关系、推进 G20 秘书处建设，形成高效的全球金融治理网络体系；针对 IMF 和世行等重要国际机构的改革，需要以大破大立的原则，重塑公正合理新秩序，切实增强其代表性；各层金融治理部门应进一步增强风险预警和金融监管能力，支持 IMF 获得更多资源为全球提供充足流动性工具，织密全球金融安全网；在发展融资领域，国际机构应与当事国紧密沟通，拿出切实可行的金融改革建议，吸引更多私人部门参与全球发展融资，引导国际资本有序流动并为全球减贫提供强力支持；支持国际货币体系多样化发展，减少美国政策溢出效应的冲击。

第三章

## "碎片化"时代来临？

**民粹与保护主义泛滥**

2008年金融危机以后，美西方经济集体陷入"平庸增长"，国内经济蛋糕无法越做越大，使贫富差距、种族矛盾、社会不满、政治分歧等问题日益凸显，加剧国内民粹主义升温。而疫情再次成为催化剂，美西方把中国等新兴市场崛起当作战略威胁和国内治理不力的"甩锅"借口，纷纷采取"关城门、拉吊桥、筑围城"的方式加紧贸易保护、产业脱钩、科技打压、资本断流。拜登执政后，美国再次重塑其主导的西方盟友体系，在应对疫情与危机、推动绿色发展、重塑产业链和地区安全合作等诸多方面拉"小圈子"，再次倚重G7以及"美英澳三边安全伙伴关系"（AUKUS）、"美印澳日四方安全对话机制"（Quad）等新平台，严重削弱了全球主要经济体再次同舟共济、携手合作的互信。

这导致了在应对疫情和经济复苏等方面，G20并没有像2008年时发挥合力和主导作用。例如，2021年的意大利罗马G20峰会被各方寄予厚望，但除在全球最低税问题上达成实质性共识外，在增加抗疫资金、疫苗分配、应对气候变化、宏观经济和金融政策协调等关键方面，均没有一致的承诺和行动。这导致了全球疫情反复多变、经济复苏持续乏力、金融治理难有突破。

更严重的是，美国欲把IMF和世行等国际机构作为对华竞争的主要场所，削弱了其全球金融治理中的权威、信誉和向心力。特朗普政府曾就对华贷款问题多次施压世行。特朗普称："为什么世界银行要借钱给中国？这怎么可能呢？中国有很多钱，而且如果没有，他们也会造钱。"其用心是欲否定中国发展中国家地位，迫使世行减少对华贷款项目，遏制中国崛起。

再如，2021年美国"威凯平和而德律师事务所"向世界银行道德委员会提交不实报告，诬陷格奥尔基耶娃在世行任职期间向手下员工施压，帮助中国在《2018年营商环境报告》中提高排名。为此，美国国会多位议员施压美国财政部，欲要扳倒现任IMF总裁格奥尔基耶娃。《金融时报》一针见血地指出，格奥尔基耶娃正在被麦卡锡主义迫害，美国国会议员根本就不在乎事实，"反华狂躁"和"反北京歇斯底里"才是一些美国人反对IMF总裁的根本原因。美国著名经济学家杰弗里·萨克斯称："一旦美国得逞，IMF的多边主义将被证明是徒有虚名，中国等新兴经济体将被迫另起炉灶，从而严重冲击现有的全球信任、金融稳定和多边主义。"

由此可见，美西方国家心态失衡、行为极端，采取强力对华战略博弈措施，正在撕碎全球主要金融治理机构的凝聚力和行动力。

**重塑央行合作网**

当前国际货币体系的难解弊端是美元"一家独大"带来的全

球应对危机时流动性的不足。虽然 FSB、IMF 等重要国际机构大力打造金融安全网，但美国并不是负责任的参与者和引领者，反而从金融战略角度出发，借疫情加紧打造货币"小圈子"，以收缩货币圈的方式，有选择性地为他国提供应对危机的美元流动性支持，加剧了全球金融治理赤字，或把国际货币体系重新拖回货币集团林立的混沌年代。

早在 2013 年，美联储与加、英、日、欧、瑞士（C5）宣布将双边临时性货币互换安排转为长期安排，构成六国货币互换圈。任何一方央行可以通过该安排，获得其他五个币种的任何一种货币流动性；为应对当前疫情和经济衰退，2020 年 3 月 19 日，美联储与澳大利亚、巴西、丹麦、韩国、墨西哥、挪威、新加坡、新西兰、瑞典（C9）达成临时性货币互换协议，澳大利亚、巴西、韩国、墨西哥、新加坡、瑞典获得 600 亿美元互换额度，其他三国获得 300 亿美元货币互换额度；2020 年 3 月 31 日，美联储建立"外国和国际货币管理机构（FIMA）临时性回购安排工具"，允许持有 FIMA 账户，并在纽约联储开设户头的外国央行和货币当局，与美联储签署协议，通过抵押持有的美债资产方式，换取美元流动性。由此，美联储完成"C5+C9+CX"的美元货币互换网络布局，C5 是核心、C9 是外延、CX 是外围。

我们必须明白，美联储是美国国会立法下的产物，为国内经济和选民服务是优先考虑，而承担全球央行角色、担当最后贷款人方面，美联储只能从战略和盟友角度出发，有选择性地采取措施。美国收缩货币互换圈、重塑央行合作网的做法，将加大原本就资源有限的 IMF 等国际机构提供全球流动性的压力，以及重创各国通过国际机构缓解危机时流动性短缺的合作信心，冲击全球金融安全网的建设。

**嚣张的金融特权**

后布雷顿森林体系时期，美元仍是全球主导货币。虽然全球金融治理的规则与标准不断发展，但始终无法约束美国以国内为中心的财政和货币政策，利用这种嚣张的特权，在历次危机中美国都能够化险为夷、转危为安，结果是将经济刺激效果留在国内，将金融风险和次生危机转向世界。

为应对此次疫情及经济衰退，美国推出了 6 轮价值 5.94 万亿美元的天量财政刺激措施，奢侈的救助资金甚至让普通民众情愿失业在家接受政府救济。这也不可避免地抬高美国联邦债务规模。2022 年 1 月，美国联邦债务总额已高达 29.7 万亿美元。据美国国会预算办公室统计，2030 年美国联邦债务总额达 33.33 万亿美元，其中仅利息支付一项就超过 6950 亿美元，严重挤占未来财政政策空间。为此，美国再次利用货币霸权优势，通过债务货币化的方式，向世界分摊成本。截至 2022 年 1 月，美联储资产负债表规模已高达 8.8 万亿美元，持有美国中长期国债一项就高达 4.8 万亿美元。预计 2023 年，美联储资产负债表将超过 10 万亿美元。与之相伴随的是，全球资本市场的流动性过剩、资产价格泡沫和通货膨胀等风险。这些将使疫情阴霾下的全球经济复苏更加复杂，全球金融治理难度显著加大。此外，美国屡屡祭出货币霸权"魔杖"，在全球金融市场"呼风唤雨"，也必然导致其他国家更加厌烦现有秩序和美元霸权，削弱各方对全球金融治理合作的信心，其最终结果就是全球治理从多元化走向碎片化。

**数字货币新挑战**

疫情加速全球经济和产业合作模式演变，在线经济、数字应用、金融科技迎来发展的黄金时期，也为全球数字货币发展创造现实基础。此外，为应对疫情和经济衰退，美国再次运用货币特权，以债务货币化的形式向世界分摊危机救助成本的做法，让世界各国对现有国际货币秩序更为厌烦，通过数字货币主动求变的需求上升。美国大西洋理事会统计，截至 2022 年初，全球共有 87 个国家探索央行数字货币（CBDC），其经济总量占世界经济的约 90%。9 个国家已经全面推出 CBDC。美国、欧元区、日本和英国央行都在加紧评估 CBDC，欧洲将于 4 年内推出数字欧元，美国也将迎头赶上。这将给全球经济金融治理构成挑战。

没有新的统一标准和国际协调。当前各国数字货币发展处于"群雄并起"的初级阶段，全球标准和规则设计明显滞后于数字货币发展，未来全球金融系统会面临重大的互操作性问题，给全球金融治理带来新困难。

数字货币监管带来新问题。毋庸置疑，数字货币和支付系统的发展，将大大增强金融的便捷性。但也需要各国增强对数字货币的监管能力，以防止潜在系统性金融风险和洗钱等非法活动。但是，央行和金融监管部门增强监测能力，又可能被认为是"侵犯人权和隐私活动"。而美西方又乐于拿"数字威权""金融隐私""侵犯人权"说事儿，作为打压新兴数字货币的借口。所以，在多边金融治理框架下，如何加强数字货币监管问题必将引发新一轮各方博弈。

网络安全风险上升。据统计，当前共有包括韩国在内的15家央行选择分布式记账技术，包括中国在内的7家央行选择了传统的集中系统，还有10家央行同时采用上述两种方式。黑客擅长利用数字钱包和账户设计缺陷实施网络攻击活动。一旦遭遇攻击，将引发相关货币价值的改变，给全球金融系统带来意外风险。如何加强基于数字货币的金融网络安全治理，给各国带来了一个新课题。

美国必将拼力维护数字美元霸权。虽然在数字美元问题上，美国政府和美联储慎之又慎，但丝毫没有放慢风险评估和路径设计的脚步，并把数字货币当作中美经济与金融竞争的新战场。大西洋理事会高级研究员弗里德兰德称："目前，美国能够监控和监管全球大多数美元数字支付流。但新的支付系统可能会限制政策制定者追踪跨境流动的能力。从长远来看,美国在数字货币领导力和标准制定的缺失可能会产生地缘政治后果,特别是如果中国在 CBDC 的发展中保持其先发优势。"美西方的霸权思维和惯性逻辑,将影响后续各国在数字货币问题上的金融治理合作,或迫使多个数字货币治理圈子的形成。

# 参考文献

1. Jeffrey E. Garten, Three Days at Camp David: How a Secret Meeting in 1971 Transformed the Global Economy, Harper press, July 6, 2021.
2. G20, Making The Global Financial System Work for All, Report of the G20 Eminent Persons Group on Global Financial Governance, October, 2018.
3. Kirshner Jonathan, &Helleiner Eric, The future of the dollar, New York: Cornell University Press. 2010.
4. McKinnon, Ronald I., The rules of the Game: International money and exchange rate, New York: MIT press, 1997.
5. [美] 斯坦利·L.恩格尔曼、罗伯特·E.高尔曼主编，高德步、王珏总译校，蔡挺、张林、李雅菁本卷主译：《剑桥美国经济史（第三卷）：20世纪》，中国人民大学出版社2008年版。
6. [美] 理查德·邓肯著，王靖国等译：《美元危机：成因、后果与政策》，东北财经大学出版社2007年版。
7. [美] 米尔顿·弗里德曼，安娜·J.施瓦茨著，巴曙松、王劲松等译：《美国货币史1867—1960》，北京大学出版社2009年版。
8. [美] 多米尼克·萨尔瓦多等著，贺瑛等译，贺瑛校：《欧元、美元和国际货币体系》，复旦大学出版社2007年版。

# 第四章
# 金融虚实之辩

# 第四章

　　金融于实体经济而言究竟意味着什么？在一些人看来，金融业者不事生产，不过是做"投机倒把"的营生，便赚得盆满钵满，定是于经济社会毫无价值的。但事实远非如此。简而言之，当一个农民辛苦劳作赚得100元钱，如果他不想花这笔钱而是把它藏在家中，那么无论过了多长时间，这笔钱既不会多也不会少。但如果有一名工匠，他需要100元购买工具，制造了产品之后就可以赚到110元钱。在没有金融机构参与时，农民的100元只会静静躺在他家里，而工匠则因没有100元而迟迟无法开工。此时如果农民把100元存到银行，再由银行把这笔钱借给工匠，那么很快就能赚到110元钱，相当于在金融机构的参与下，多创造了10元的价值。由此可见，金融虽然本身不生产产品，但可以把资源从没有需求的人手中配置到有需求的人手中，从而间接创造更多的价值。

正是在现代金融的驱动下，宏伟的道路桥梁可以使天堑变通途，而不再寄望"愚公移山"的无尽之功；怀揣梦想的有志青年尽可投身创业创新的时代浪潮，而不一定需要家财万贯才敢放手一搏。正如马克思所说，"假如必须等待积累使某些单个资本增长到能够修建铁路的程度，那么恐怕直到今天世界上还没有铁路。但是，集中通过股份公司转瞬之间就把这件事完成了。"这便是金融点石成金、聚沙成塔的"魔力"。

不过，绚丽的烟花如果操之不慎，也可能变成危险的炸药。金融业自诞生之日起，就有着高流动性、高逐利性和高风险性的特征。无论是古代的钱庄、银号，还是如今的商业银行、投资银行，金融机构总是首先考虑如何避免坏账、如何更快回笼资金、如何取得更高的收益，一旦疏于监管或是引导不力，便难免沉迷于花样翻新的金融衍生品和眼花缭乱的高频交易，陷入经济过度

# 第四章

金融化、产业空心化的危险，全然忘记其最初的目的是为了让更多的"工匠"有足够资金购买设备以便进行生产。如何能够牢牢抓紧金融服务实体经济的"方向盘"，防止金融失速失控？对此，无论是引领了三次工业革命的英美老牌资本主义强国，还是创造了战后经济奇迹的德国、日本，都有数不清的经验和教训值得镜鉴。

第四章

# 英美模式"功与罚"

英国凭借中央银行和商业银行体系推动了第一次工业革命，美国在英国基础上，建立了发达的资本市场和投资银行体系，以直接融资为主、间接融资为辅的方式推动经济大发展，崛起成头号强国，多次引领产业革命。但是，英国体系逐步趋于垄断，创新不足，日趋僵化；美国体系疏于监管，将经济引向过度金融化的歧路。

**金融创新助推产业革命**

金融业的革命性发展推动英国完成第一次工业革命并构筑起 19 世纪的全球霸权。实际上，以瓦特改良的蒸汽机为代表的早期技术创新大多在工业革命前便已有之。然而，由于这些技术发明缺乏资金积累和大量的资本注入，无法从作坊阶段走向规模化大生产，也就难以带动持续的经济增长，更遑论工业革命。因此，英国诸如钢铁、纺织、铁路等大规模工业的成熟发展必须等待金融体系逐步完善、金融市场蓬勃发展后，才能迸发真正的力量，这便是诺贝尔经济学奖得主约翰·希克斯所言的"工业革命不得不等候金融革命"。

1694年，英王威廉三世为了筹措"大同盟战争"（"九年战争"）庞大的军事开支，开始以国家信用为担保发行长期国债，并为此成立英格兰银行来统一管理国债，从而诞生了世界上最早的股份制商业银行。1696年，英国开始重铸货币，由英格兰银行作为主要发行机构，让该行成为了事实上的中央银行。以此为开端，以英格兰银行为模板，在其成立后的十余年间，大大小小的商业银行如雨后春笋般在英国各地成立。英格兰银行则作为英国各银行结算资金的枢纽，要求各商业银行都要向其缴纳一定比例的存款准备金以备结算之用，从而承担了作为英国政府国债担保人和商业银行最终借款人的职责。在其支持下，英国银行体系快速发展。

截至18世纪，伦敦已超越阿姆斯特丹和巴黎，成为欧洲金融业中心，初步形成由英格兰银行、伦敦私人银行和伦敦以外的乡村银行构成的三级银行网络。乡村银行与伦敦私人银行间的业务往来把农业区的储蓄吸收至伦敦，伦敦私人银行作为中介，以透支和支票形式向外贷款赚取利润。由此一来，大量资金从英国南部资金盈余地区转移至北方工业发达地区，在产业上从低经济价值项目转移至高经济价值项目，从而为工业革命提供了强有力的融资支持。

如果说中央银行和商业银行体系推动英国完成第一次工业革

命并成为19世纪头号强国,那么美国便是在资本市场和投资银行的支撑下完成了第二次工业革命并成为20世纪的头号强国。1811年纽约证券交易所建立,美国资本市场正式形成。通过资本市场的并购交易,一批引领时代的大企业得以崭露头角,通用电气、通用汽车、美孚石油、杜邦等世界级企业开始了全球扩张的步伐,也促进了美国经济的扩张。1859—1899年间,美国企业数目增加2倍,投资总额增长近9倍,工业总产值增长了8倍。1860年美国工业产值占世界工业总产值的比重约为17%,到1890年已升至31%,超过英国近10个百分点。

二战后,美国又开启了新一轮金融创新,建立了以风险投资为核心的现代创业投资体系。1946年,美国研究与发展公司(AR&D)在高校林立的马萨诸塞州应运而生。1957年,该公司以股债结合方式为数字设备公司(DEC)提供约200万美元融资,随着1966年DEC完成首次公开发行(IPO),宣告AR&D的第一笔风险投资取得成功。在这之后,美国的创投行业开始高速发展。特别是20世纪80年代后,风险投资模式为新一轮信息技术革命提供了强有力支持。风险投资者有着明确的高风险偏好,与商业银行更偏好运作成熟、风险低的大型传统制造企业的模式迥异,他们与先进制造企业、科技创新企业高风险、高回报的性质天然适配。投资机构除了提供融资之外,还为企业提供经营管理、财务、资源整合、市场推广等多元化服务,扶持企业完成技术和产品从研发到商业化的全过程，最终通过资本市场风险补偿机制实现投资回报。

与此同时，纳斯达克市场不断的发展壮大也标志着美国资本市场的又一次"进化"。纳斯达克市场成立于1971年，以支持小企业上市融资为目标，对企业财务指标要求宽松，且偏向信息技术、软件、生物、医药等具有高成长性、高发展潜力的企业。纳斯达克市场诞生后，在1980—1990年间快速壮大，20年内指数上涨近30倍。目前，纳斯达克市场容纳了绝大部分美国高科技公司，被誉为美国新经济的摇篮，极大推动了美国高科技产业的发展。

美国金融服务实体经济的运作模式与英国同出一系，但更胜一筹，通过发达的股权融资和资本市场，推动科技企业创新，同时银行系统不断推出新的金融产品，给予企业更有效的间接融资支持。正是在这一体系的支持下，美国再一次引领了新一轮信息技术革命浪潮，苹果、微软、亚马逊、思科等科技公司蓬勃发展，奠定了冷战后美国经济无可匹敌的领导地位。

**脱实向虚走上发展歧路**

英美金融模式在相继帮助这两个同宗同源的盎格鲁—撒克逊国家开启工业革命、打赢两次大战、引领战后产业革命大潮之后，逐渐脱离了监管的束缚，反而走向了脱实向虚的歧路。

英国的商业银行体系逐步走向"托拉斯"式的集中垄断。垄断资本高度集中，最大限度地占有稀缺资源，也更加注重短期回报，愈发将目光投向海外特许贸易、殖民掠夺甚至战争，而忽视了对国内工业创新的支持。学者威廉·肯尼迪研究指出，1878年后，英格兰银行便再也不愿参与对工业的长期资助。1865—1914年，英国金融资本的25%流向其殖民地，42%流向其他国家，本国仅占33%。这种资本分配方式使得英国的工业设备在第一次工业革命后并未得到有效的更新与升级，进而错失了第二次工业革命的机遇，最终令英国将世界霸权拱手让给后起之秀的美国。

美国经济脱实向虚的进程相比一百多年前的英国更是有过之而无不及，在经历了21世纪初的"互联网泡沫"和"次贷危机"的冲击后，如今已日渐偏离了金融服务实体经济的主航道。

一方面，金融部门快速无序扩张。从20世纪80年代起，美国银行业、证券业、保险业和房地产租赁业等泛金融部门快速崛起，占国内生产总值的比重从1980年的15%左右一路上升，到次贷危机爆发前超过20%，到2020年更已接近23%，而制造业的占比则一路走低，凸显美国经济重心从制造业向金融业的转向。

伴随金融部门的膨胀，货币信贷过度扩张，吹起越来越大的金融泡沫。在间接融资领域，信贷规模持续扩张。1980年美国金融部门提供的信用贷款为5783亿美元，到2000年初已接近10万亿美元，截至2021年末则高达19.8万亿美元，占国内生产总值的95%。而在直接融资领域，股票价格不断攀升，2008年金融危机后到2021年长达13年间，美国三大股指累计涨幅均超过了2.9倍，其中纳斯达克指数更高涨8.32倍。持续攀升的股价把美国金融资产总额推高到114万亿美元，接近国内生产总值的6倍，增速也远远高于实体经济的增速，显示美国金融业早已如脱缰野马，远离实体经济而去了。

另一方面，非金融部门也在快马加鞭推进金融化。随着金融业的繁荣发展，信贷与资本市场交易活动日益频繁，美国自20世纪90年代中期起，经济发展重心转向金融业，美国在物质生产领域全面丧失比较优势，除了部分高端产品，产业资本全面向发展中国家转移，资本的主题则转向虚拟经济领域，实体经济也被裹挟着向金融业"看齐"。从21世纪初起，金融市场成为非金融企业投资和再生产资金来源的重要渠道。2000年，美国金融市场发行高收益债券（垃圾债）340亿美元左右，到2007年达到1360亿美元，7年之内增加了3倍。21世纪初到2008年金融危机之前，美国非金融企业的利息支出占到其实体经济利润的六成以上，使非金融企业背负了沉重的债务负担，也促使其更加倾向于通过金融投资活动快速获取收益与利润，其行为日趋短期化、金融化，非金融企业更加倾向于借助金融投资而非生产性活动来赚取利润、实现资产的快速升值。

受此影响，"金融思维"开始在美国企业中变得根深蒂固。2013年初，美国苹果公司的首席执行官、乔布斯的继任者蒂姆·库克宣布公司将融资借贷 170 亿美元，要知道苹果是当时世界上市值最高的企业，销售了超过 10 亿台终端设备，坐拥 2000 亿美元现金，每月还有 30 亿美元的利润进账，显然不存在资金短缺或者无法动用存款的情况。而之所以会做出这样的决定，原因在于苹果的金融分析师认为借钱是更好的、成本更低的获得资金的办法，苹果优秀的信用资质让其可以享受极低的借贷利率，而通过分散在全球的离岸金融机构，苹果甚至无需为这笔钱向美国政府支付任何税款。接下来，苹果只需要利用借到的 170 亿美元资金进行股票回购并提高股息来收买投资者，进而提振公司的股价，就可以给包括库克本人在内的董事会成员和公司股东带来数百万美元的账面财富收入。

其实并不仅是苹果公司这样的科技巨头，几乎所有的美国实体经济企业要么表现得像金融机构一样，要么干脆就成立了自己的金融部门。航空公司通过燃油套期保值获得的利润往往高于出售机票，曾经的"发明大王"托马斯·爱迪生创办的通用电气公司通过进军金融服务业在十几年间将资产扩张 28 倍。如今，美国企业通过交易、套期保值、优化税制和出售金融服务等单纯的资金转移挣到的钱是二战后的 5 倍，达到历史新高。

诺贝尔经济学奖获得者罗伯特·席勒曾指出，金融业的发展并不总是促进经济增长，而是存在一定的边界，一旦其过度膨胀，甚至脱离了实体经济，进入自我扩张、自我循环的非正常轨道时，将给整个金融系统甚至整个经济社会发展带来巨大的风险。首先就是产业空心化。弗洛哈尔在《制造者与索取者》一书中指出，当全美国只有15%的货币进入实体经济，其余85%全部留在金融领域空转；当美国最大和最赚钱的企业将更多的钱投入股市而不是研发和创新；当美国最富有的20个人的财富几乎都是从金融而非生产中获得的，美国制造业的衰落也就不可避免了。根据美国商务部的数据，截至2020年，美国制造业占GDP的比重仅为11%，与巅峰时期的28.3%相比相去甚远，与日本、德国等制造业强国20%左右的比值相比也明显偏低。

其次，经济体系不稳定性加剧。日益显著的金融活动加剧了金融市场波动，越来越多的家庭严重依赖金融理财与消费信贷，日益广泛地参与金融投机，让大众变相地成为了金融"赌徒"。资产价格的波动带来"财富效应"的扩张与收缩，越来越大地影响着家庭收支，影响着消费需求，进而影响国民经济的稳定。经济金融化使得政府愈发倚重发债收入。普遍的金融投机以及家庭、企业与政府的过度负债，推动国民经济尤其是房地产市场和股票市场走向"非理性繁荣"，由此制造出一个又一个且一个比一个更大的经济泡沫，一旦泡沫破灭，经济衰退就不可避免。

最后，美国的社会危机也因金融化而加剧。国民收入分配越发有利于金融机构和金融寡头，工人工资和大众福利实际上被不断削减，劳资关系呈现资方一强再强、劳方一弱再弱的格局。收

## 第四章

入不平等自1980年以来快速扩大，前10%高收入人群收入占国民总收入比重从20世纪70年代过度金融化发端前的35%左右，膨胀到2008年金融危机爆发时的超国民收入50%，而另外90%人群分享不到50%的国民收入。值得注意的是，收入的减少不是均匀的，而是主要挤压中间40%，即所谓"中产阶级"的收入，由此导致"中产阶级"集体性坍塌，"纺锤状"的社会结构蜕变为"M型"，也让"有产者"与"无产者"对立加剧，社会撕裂与政治冲突愈演愈烈。

美国正因过度金融化而面临深刻的金融经济、社会政治、国家认同乃至国际霸权等系列危机。重要原因之一正是美联储的"货币主义"调控政策和美国政府对金融监管的放松。自20世纪末的亚洲金融危机到21世纪初的互联网泡沫危机，从2008年金融危机到新冠肺炎疫情冲击，美国经济经历的数次危机中美联储"大水漫灌"式的"慷慨"救市以及复苏之后不负责任地肆意加息更助长了金融投机，大量带有强烈投机性质的虚拟资产在市场上日趋活跃，使得金融资产交易中的资产价格泡沫不断膨胀，造成美国虚拟经济的繁荣，使得金融资本对美国经济、社会、政治的操控日益严重，加剧了美国金融的脆弱性、经济的不稳定性、社会的不公平性和政治的对立性。

## 德日模式得与失

在美国主要通过股权融资和资本市场交易等直接融资方式实现对实体经济的支持、引领工业革命之际，德国、日本作为"后起之秀"，也探索出了一条以政策性银行间接融资为核心的支持实体经济新方案。不过，当德国通过稳健的金融政策推行"工业立国"战略时，日本却在对政策的盲目自信和国际金融资本的围剿下，经历了泡沫经济的幻灭和"失去的30年"。

### 德国模式：从"隐形冠军"到工业巨头

德国工业化相较于英法等国起步较晚，但到第一次世界大战前夕，德国GDP总量已超越英国，成为仅次于美国的资本主义工业强国。经历了两次世界大战的破坏，德国工业在战后又迅速复苏，成为当今数一数二的制造业强国。在这个过程中，德国以银行主导、间接融资为主体的金融体系发挥了重要作用。

在指导思想上，德国长期以制造业立国，认为金融仅是实体经济的"仆人"，反对过度发展金融业，更不愿将大量纳税人的资金用于救助因过度金融化而破产的公司和金融机构。因此，德国将高质量的金融监管视为最重要的金融竞争力。法兰克福就是以其欧盟最高水平的金融监管，以及清晰、透明、稳健、可预见的"监管规则和实践"奠定其欧洲金融中心和市场稳定器的地位。

在体系布局上，德国重视金融扎根地方经济，与中小企业形成共存共荣的长期合作关系。德国是合作金融组织的发源地，经过 100 多年的发展，打造了自上而下、遍布城乡的合作银行体系。其顶层为中央合作银行，中层是 3 家区域性合作银行，底层是 2500 家地方合作银行及其 1.8 万家分支机构和营业网点。其中，地方合作银行由农民、城市居民、个体私营企业、合作社企业和其他中小企业入股组成，由股东共同持有。借由这一股权架构，地方合作银行与地方中小型企业形成牢不可破的长期合作关系。

在具体政策引导上，注重发挥政策性金融机构对先进制造业和科技创新的推动作用。以德国复兴信贷银行为例，其主要支持产业开发、教育和科研机构振兴、发展战略性新兴产业。由于它具有国家信用，享有政府担保，可在国际资本市场获得低成本资金，再通过与商业银行合作转贷给借款企业，不与商业银行形成竞争关系，也可实现风险共担。为适应德国制造业中小企业、家族企业居多的特点，德国复兴信贷银行还专门成立中小企业银行，为初创中小企业提供中长期低息贷款；通过和风险资本联合投资支持高科技初创企业，提供股权融资和次级贷款等服务。

此外，德国建立起政府、担保银行、放贷银行风险共担的担保体系，更好地服务中小企业融资。目前，德国政府对中小企业的贷款担保已达 80% 以上，还同时提供 2%—3% 的利息补贴。简而言之，对德国中小企业来说，不怕贷不到款，只怕不贷款。

正是有了这样强有力的政策性金融支持，德国不仅拥有了戴姆勒、西门子、拜耳、博世、大众、宝马等诸多领军全球的工业巨头，还有超过370万家中小企业，其中不乏知名度不高却在细分市场独占鳌头的所谓"隐形冠军"。据德国管理大师赫尔曼·西蒙估计，德国中小企业中的"隐形冠军"有1400家之多，占据全球2700家"隐形冠军"企业中的半壁江山。

但相对英美等国来说，德国金融业发展还存在风险投资和股票市场发展滞后、大规模融资能力不足等问题。其主要原因是历届政府对金融业发展始终持保守态度，其根源也许可以追溯到魏玛共和国时期恶性通胀的痛苦记忆。这导致德国货币政策多旨在稳定价格，财政政策更集中于平衡预算。这使得德国金融虽然可以扶持中小企业深耕细分市场，却无力为行业龙头提供雄厚资本支撑。

而少数不满足于传统德式金融模式的银行则走上了追随英美金融化的道路。拥有145年历史、曾抵御了2008年国际金融危机和2010年欧债危机冲击的德意志银行，就在全球化和利润驱动下，抛弃了德国银行立足长期战略的传统，转而专注于能够带来短期效益的投行业务。大搞国内外业务扩张，过度使用杠杆，加之公司治理和内控机制缺位，最终导致德银一度深陷各种丑闻和诉讼，2015年累计亏损达68亿欧元，被迫清理巨量衍生品业务，大幅裁员并撤销分支机构。

## 第四章

### 日本模式：从繁华到疯狂

20世纪60年代起，日本制造业迅速崛起，产业结构经历了从重化工到先进制造业的转型升级。转型期间，日本政府扮演了主导者作用，制定了大量产业政策和指导意见，例如20世纪70年代提出《关于七十年代通商产业政策的方向》《产业结构长远规划》，明确向知识密集型程度高的产业转型，增加尖端技术开支，并在20世纪80年代提出科学技术立国战略。

在此期间，日本建立起政策性银行和商业银行相结合的金融体系，包括日本开发银行、商工组合中央金库、中小企业金融公库、中小企业信用保险公库、国民金融公库等。根据国家战略规划，日本通过政策性金融机构向企业提供政策性贷款。例如日本开发银行1951—1968年先后设立"新技术企业化"贷款制度、"重型机械开发"贷款制度和"新机械企业化"贷款制度，三者合称"国产技术振兴资金贷款制度"。中小企业金融公库1970年实行"国产技术企业化"贷款制度，对新技术企业化和新机械商品化试验提供低息贷款。此外，日本还形成中央与地方风险共担、担保与保险有机结合的信用担保体系，缓解了科技型企业缺少抵押品、从商业银行获得贷款难度高等问题。

在政策性金融扶持下，日本经济迎来高速增长期，以汽车为代表的机械类制造业迅速增长，半导体、集成电路等新兴产业加速发展。到20世纪80年代，日本已成为全球工业机器人的主要供应商和世界最大的集成电路生产国。

也正是从这时起，日本从美国的扶持对象一跃成为美国经济最有力的竞争对手，其钢铁、汽车、电子产品大举进入美国，令美国制造业难以招架，即便美国采取提高关税、增设贸易壁垒等方式也无济于事。恰好当时的里根政府开启新自由主义经济改革并迈出了美国经济金融化的步伐，金融资本便成为了美国击败日本产业的"杀手锏"。如果说，美国经济的脱实向虚是其自负和贪欲浇灌出的"毒草"，那么日本产业经济的衰败则在很大程度上归咎于其没能抵御住美国金融资本这一"洪水猛兽"的频繁冲击。

1983年，里根对日本政府正式提出金融开放的要求，并提出设立专门委员会监督市场开放的过程。由于美日之间不平等的政治、军事关系，日本面对美国的要求不得不照单全收。1984年2月，日元—美元委员会成立，同年5月，该委员会的第一份报告就提出要让日本开放国债市场、放松对日元的市场监管、消除外国金融机构进入日本的限制等。1985年9月，美日签署了著名的《广场协议》，要求日元对美元升值。1987年，美国、英国、法国、联邦德国等又与日本签订了《卢浮宫协议》，约定日本实施刺激内需计划。在此之后，日本开始实施扩张性财政政策，直到陷入"泡沫经济"的疯狂。日本股市从1982年开始上涨，1986年加速上涨，到1989年底到达最高点，7年间涨幅4.6倍；房地产市场更夸张，至1991年连续35年上涨，年平均涨幅高达 13.4%，六大城市更是高达 16.6%，据说当时东京 23 区的地价总和，可以购买美国全部国土。

虚假繁荣之下，狂热的投机心态开始蔓延。自日元升值起，炒作外汇开始成为一门有利可图的生意，特别是对于因日元升值而利益受损的制造业出口企业，与其面对越来越大的成本压力，不如拿日元去金融市场"赌一把"。一时间，一批以阪和兴业为代表的制造业企业转而杀入金融市场，开启了所谓"六鬼闹东京"的炒汇浪潮。

阪和兴业原本是一家传统钢铁出口企业，但由于日元升值，出口利润降低，面对企业经营困难，社长北茂没有像当时其他日本制造业企业那样全力"拧毛巾"压缩成本，或者将公司转移到改革开放后蒸蒸日上的中国，而是组建了一个以他自己为首的五人外汇炒作"专班"。从东京到纽约，每天"两班倒"炒作外汇，金额从几千万美元一直上涨到数亿美元。据北茂本人称，"炒汇的盈利每天一两亿日元不过是小儿科""每天 5 亿日元也是轻松的"。根据当时的新闻报道，阪和兴业 1986 年总盈利 142 亿日元，其中炒汇所得占 98 亿日元，是"老本行"炼钢的两倍有余。

阪和兴业的巨大"成功"被无数企业同行看在眼里：与其"死磕"技术降成本、裁员降息或是投资海外，倒不如舒舒服服坐在办公室打打电话，大笔大笔的钱就滚滚而来。如此诱惑下，越来越多日本企业加入了金融炒作大军，从汇市到股市再到楼市，

金融虚实之辩

一个个财富"爆点"接踵而至，全然把实体经济抛在了脑后。

但在此时，美国政府及其背后的金融资本开始对日本经济伸出了"魔爪"。1989年秋，美国政府开始强烈批评日本股市的封闭交易和企业交叉持股的做法。传统上，日本企业间相互长期持股且不会轻易抛出，这使得外国资本很难实现对单一日本企业的收购。而如果日本放弃企业交叉持股的做法，这些股票就会流入市场，导致股价大幅下跌。而事实上，美国提出这些要求已经让日本的投资者感受到，美国不希望日本股市长期保持高位，因此信心大为动摇。

与对股市的干预相配合，美国又对日本的房地产市场"动手脚"，极力挑动媒体和日本民众对当时日本高房价表达不满，民众对政府管控房地产市场的呼声不断高涨。内外压力之下，1989年5月—1990年8月，日本央行5次上调利率，要求所有商业银行大幅削减贷款，同时日本最高财政机关大藏省（现财务省和金融厅的前身）要求所有金融机构控制不动产贷款。在一系列货币紧缩政策干预下，日本股市和房地产泡沫破裂。之后，美国资本趁日本金融市场开放、交叉持股政策作废之机大举收购日本优质制造业企业。到2001年，外资对日本企业的并购案超过150起，其中就包括美国福特收购日本马自达、法国雷诺收购日本日产汽车等。即便没有被外资"招安"的日本本土企业，也在日元长期升值的重压之下被迫将大部分的制造业部门转移到海外，造成了日本如今产业空心化的困境。

## 虚与实的权衡

纵观七千年人类文明史，一个个大国崛起与衰落的宏伟巨幕背后，无不掩映着金融与实体经济的"相爱相杀"。驾驶火车头疾驰而过的英国正是因"金融革命"而为工业"蒸汽机"注入不竭燃料，但又因金融体制趋于垄断和僵化而将工业革命的"方向盘"让于后起之秀。继英国之后，美国、德国、日本无不因金融创新、服务实体经济而崛起。可见，金融就如实体经济的血脉，没有金融"血液"的滋养，实体经济就会了无生机，工业创新自然无从萌芽；而实体经济则是金融的根基，脱离实体经济的支撑，金融之泉便会泛滥成毁田溃坝的洪峰。如何让金融与实体经济相辅相成、互促共进，西方四百年工业化的经验教训或许可以给我们一些答案。

首先，要以灵活适度的金融创新助力实体经济发展。现代金融不仅可为实体企业发展提供及时有力的融资支持、改善企业资金周转，更可以发挥其支付清算、信息咨询、风险管理的功能，从而通过金融手段有效提升实体企业的发展能力。当前，中国仍然存在金融创新不足问题，还不能充分满足实体经济发展的需求，仍然需要创新更多、更有效的金融产品，及时回应企业发展的困难和需求，才能在当前复杂的内外经济环境下更好推动实体经济发展。

其次，对金融资本既要利用，又要限制。金融资本具有因投资而促进增长和因投机而制造危机的鲜明两面性，用得好可以如德日一般促进一国工业化，用得不当也可能像英美那样阻碍乃至毁灭一国经济。如何能够"取那善果，避那恶果"，就需要在充分利用金融资本积极作用的同时，以制度手段防范化解金融资本带来的风险。一方面，要不断进行与金融创新相配套的监管创新，对金融活动给予及时、适度的引导和监管，限制层层嵌套、过度投机、自娱自乐式金融创新，让金融创新回归服务实体经济的本位。另一方面，也要适时在国家层面进行有效的金融干预和调节，让"看不见的手"与"看得见的手"两相配合，及时遏止可能出现的金融过热、"脱实向虚"泡沫。

最后，还要对跨国资本保持足够的警惕和管控。长期以来，跨国金融资本不断直接或通过其代理人向中国兜售新自由主义，通过各种方式诱导或施压中国，无限制、无止境地扩大对跨国资本的开放，以求打压和控制中国经济命脉，攫取更多经济利益。这些跨国金融大鳄一旦如愿，势必造成工业萎缩、金融过热，最终削弱实体经济基础，加大经济的对外依附。日本制造业的衰败就是前车之鉴。因此，在不断推进改革开放，探索扩大金融开放的同时，务须对跨国金融资本保持足够的警惕，始终建立跨国金融资本与国内实体经济的隔离区、观察间甚至防火墙，在循序渐进推进与其合作的同时进行有针对性的审查和监管。

# 参 考 文 献

1. [德]弗里德里希·李斯特著，陈万煦译:《政治经济学的国民体系》，商务印书馆1982年版。
2. [美]R.格伦·哈伯德、安东尼·帕特里克·奥布赖恩著，孙国伟译:《货币、银行和金融体系》，中国人民大学出版社2013年版。
3. [美]查尔斯·P.金德尔伯格著，徐子健、何建雄、朱忠译:《西欧金融史》，中国金融出版社2007年版。
4. [美]拉娜·弗洛哈尔著，尹芳芊译:《制造者与索取者：金融的崛起与美国实体经济的衰落》，新华出版社2017年版。
5. [美]罗伯特·布伦纳著，王生升译:《繁荣与泡沫——全球视角中的美国经济》，经济科学出版社2003年版。
6. [美]加雷·加勒特著，徐珊译:《美国金融泡沫史》，海峡书局2014年版。
7. 江涌:《道路之争：工业化还是金融化？》，中国人民大学出版社2015年版。
8. 李翀:《金融战争：虚拟经济时代的财富掠夺方式》，首都经济贸易大学出版社2009年版。
9. 鲁世巍:《美元霸权与国际货币格局》，中国经济出版社2006年版。
10. 余治国:《世界金融五百年》，天津社会科学院出版社2011年版。
11. 郑秀君:《日本泡沫经济与美国次贷危机的比较——基于金融体系视角的分析》，复旦大学出版社2012年版。

# 第五章

## 金融危机的前车之鉴

# 第五章

所谓金融危机是指金融领域某些指标出现急剧恶化，以致于影响本国、地区乃至世界经济稳定。界定一个国家金融市场出现的问题是否属于金融危机，并不是靠一个或几个简单的指标，因为每次危机爆发的具体领域都不尽相同，比如它可以表现为股市暴跌、大量资本外逃、货币急剧贬值、重要金融机构倒闭、官方储备大量缩水、政府或者重要企业出现偿债困难等等。一般而言，一个市场某些金融指标急剧恶化后，引发大面积恐慌和蔓延，并且造成严重经济后果，我们就可以称之为金融危机。这些严重的后果可以包括巨额资产损失、信贷市场紧缩、企业纷纷破产、出现失业潮等等，对经济的负面影响巨大，是政策制定者极为警惕的对象。

但金融危机似乎是一个"永恒"的现象。繁荣的顶峰过后就会迎来危机。每一次都有人说"这次不一样"，但不幸的是危机总是一再发生，有些危机震撼世界，恐慌情绪和损失惨烈程度至今让人心有余悸。由于金融危机反复出现，总结历史可以启迪现实。本章梳理了现代世界经济史上重大的金融危机，包括17世纪荷兰的"郁金香泡沫"，20世纪30年代的大萧条，90年代的亚洲金融危机，以及2008年的华尔街金融风暴。通过回顾和分析这些危机可以发现规律性的东西，比如投机往往都是引发金融危机的导火索，房地产对金融市场影响力巨大，危机背后体现的都是人性的贪婪和恐慌。

历史上看，决策者应对危机的办法有很多，有些帮助遏制危机蔓延，而有些则适得其反。总体看，人们不断地从上次危机中吸取教训，但也不断地有新的问题出现。无论如何，随着中国金融市场越来越发达、越来越开放，对确保金融稳定、防范和化解金融风险的要求也会越来越高，回顾历史对于我们做好相关工作大有裨益。

# 第五章

## 从"郁金香泡沫"到次贷危机

> "因为没有可以确保避免过度自信或困惑的方法,所以没有确定的方法可以避免恐慌。人就是人,这就是为什么我们认为用佛教徒看待死亡的方式来看待危机是有意义的:时间和环境具有不确定性,但可以肯定的是,危机最终会发生。"
> ——《灭火:美国金融危机及其教训》,本·伯南克等,2019

自从有了金融,也就有了金融危机,金融业越是发达的国家,金融危机似乎也就越震撼。资本主义世界最早的金融中心出现在荷兰,最早的金融危机也是如此。

**"郁金香狂潮"(1634—1637年)**

郁金香原产于中亚,由土耳其引入西欧各国。由于移植栽培困难、数量稀少,郁金香在西欧尤其是荷兰引发了人们的抢购风潮。17世纪的欧洲女性刚刚从宗教禁欲思想中得到解放,她们开始通过各种方式打扮自己,创造出了一种前所未有的新潮流——贵族时尚。高贵典雅的郁金香自然成了这种时尚风潮的一部分，它几乎成为欧洲上流社会女子的必备装饰品。

到1636年前后，随着荷兰国内外大量投机资本的纷纷涌入和疯狂炒作，市场需求开始呈几何级数倍放大，迅速演变成为一场郁金香投机狂潮。为了更快地培育出昂贵品种的郁金香，园丁开始使用球茎培育法，用一种叫"马赛克"的病毒感染球茎，使郁金香开出颜色奇异的花朵。其中最珍贵的郁金香品种叫奥古斯都，更是价格疯涨。在"郁金香泡沫"的顶点，一颗名为"永远的奥古斯都"的郁金香球茎的售价可买下阿姆斯特丹运河边上的一栋豪宅，是荷兰人平均年收入的45倍。

1637年2月，市场上出现了一种糖白色的郁金香球茎，大概率能开出昂贵的奥古斯都，报价1250荷兰盾，可意外的是，有价无市，没人应价。郁金香卖不出去了？疑问化作恐慌，一夜之间甚嚣尘上，人们纷纷抛售手中的郁金香。郁金香的价格断崖式下跌，60天内，价格缩水了90%，无数囤积郁金香并以此为生的人，一夜之间倾家荡产。这就是历史上第一次泡沫经济的崩塌。

### 大萧条

"柯立芝繁荣"。20世纪20年代是美国历史上少有的空前繁荣时期，小说《了不起的盖茨比》讲述的就是那个喧嚣浮华年代的故事。1929年之前，美国经历了长达10年的经济繁荣，史称

## 第五章

"咆哮的二十年代"或"柯立芝繁荣"（约翰·柯立芝于1923—1929年担任美国总统）。这10年间美国出现经济繁荣的主要原因有：在供给侧，"流水线革命"推动了以汽车产业为代表的工业部门生产效率的增长；在需求侧，一战及战后美国民众积累的财富逐渐转化为旺盛的购买力。

"福特制"。汽车工业是经济繁荣的主要驱动力。1914年，亨利·福特建立起了第一条T型车装配线。这一生产流程的改进获得巨大成功，福特汽车的生产效率迅速提高，生产工时从流水线应用前的12.5个小时缩短到1.5个小时，制造成本降低了2/3。福特把工人日薪翻倍提高到5美元，认为一部分美国人民应该先富起来。在福特公司的带动下，汽车从奢侈品变成大众消费品。到了1923年巅峰时期，仅福特一家可以生产183万辆汽车，而排名第二的汽车厂商雪佛兰仅能生产33万辆。流水线的巨大成功，使得其他汽车厂商纷纷效仿，最终提高了整个美国耐用品制造业的生产效率。1920年，美国登记在册的汽车达到了900万辆，随之诞生的货运卡车和拖拉机也影响了数百万人的工作和生活。汽车的辅助性行业如燃油业、公路建造业、钢铁业和橡胶业也急速发展。同时，冰箱、洗衣机也在20世纪20年代进入千家万户。

"杠杆牛市"。20世纪20年代的经济繁荣，在美国金融市场上最显著的表现就是史无前例的美股大牛市。美国股市从1921

年开始持续上涨到1929年10月崩盘为止，道琼斯平均工业价格指数从67点上涨至365点，涨幅超过4倍。但大萧条终结了20年代的繁荣景象。从股市崩溃开始，随之而来的是经济急剧下滑、失业率飙升。1929年美国失业率只有3.2%，到1933年上升到24.91%；罗斯福新政开始后次年，失业率已然增长到26.7%，并伴有严重的通货紧缩，消费者价格指数（CPI）下降了27%。据统计，1934年不含农业家庭在内，全美一度大约有3400万人根本没有任何收入，占总人口28%。"千百万人只因像畜生那样生活，才免于死亡。"这正是大萧条浪潮之下的真实写照。

**东南亚金融危机**

1997年7月2日，泰国政府被迫放弃已实行了14年的联系汇率制度，宣布泰铢实行浮动汇率制度。当天，泰铢兑美元汇率应声下跌近20%。泰国金融危机像瘟疫一样，很快传播到东南亚各国和周边地区。菲律宾、印尼、马来西亚、缅甸等国的金融市场受到强烈冲击。受汇市的影响，东南亚股市也是"飞流直下"。菲律宾、印尼股市都创出单日历史最大跌幅，马来西亚、泰国和中国香港股市也都大幅下跌。中国香港股市暴跌，不仅引发了东亚金融市场新一轮动荡，而且由于中国香港经济及金融业在世界上的地位和作用，使东南亚金融危机真正成为全球性问题。

1997年之前多数亚洲经济体持续高增长，创造了"亚洲奇迹"。但在金融自由化和亚洲地区高利率环境下，大量国际资本流入催生资本市场泡沫。东南亚国家利率高企，1996年危机来临前泰国银行同业隔夜拆借利率已经达到5%—15%。金融监管松弛和高利率环境吸引大量国际资本流入，1996年净流入亚洲的私人资本达1104亿美元。资本流入股市和楼市，催生资产价格泡沫。1986—1994年各国流向股市和房地产的银行贷款比例越来越大，其中泰国50%、新加坡33%、马来西亚30%、印尼20%、菲律宾11%。1990—1994年各国股市连年攀升，菲律宾、泰国、新加坡和韩国股市涨幅分别达到328%、122%、96%和48%。

外债风险不断积聚。一方面，多数亚洲国家当时实行与美元高度挂钩的固定汇率制度，消除了外资银行的担心，形成"道德风险"，亚洲的商业银行和非银行企业得以大量举借外债，1997年亚洲未偿外债总额达到3912亿美元。另一方面，许多国家的短期外债过多，外汇储备不足，存在巨大流动性风险。

金融机构大量倒闭。1997年6—8月泰国有56家金融机构倒闭，占金融机构总数的61.5%；1997年底至1998年初韩国关闭了14家商业银行；截至1999年底，印尼237家银行中有65家清盘、13家收归国有、14家进行了重组或合并。

资产价格大幅缩水。1997—1998年间亚洲股票市场全线跳水，其中马来西亚和菲律宾市场塌陷程度最严重，股票价格缩水超过50%，马来西亚金融和房地产类股票甚至下跌70%—90%。

许多股市在危机后的 3—5 年后才恢复至危机前水平。

实体经济陷入衰退。短期内，亚洲货币和各类资产贬值造成严重负"财富效应"，削弱总需求，导致 1997—1998 年间实体经济陷入衰退。其中，印尼、泰国受冲击严重，韩国、新加坡凭借较强的出口而相对抗压。长期来看，由于金融体系受挫导致实体经济融资困难，亚洲经济陷入通缩循环，复苏后增速被迫"换挡"。

次贷危机

流动性过剩、购房政策刺激、金融创新等多方因素催生了 2001—2007 年间美国房地产、股市、金融产品等各类资产泡沫。

## 第五章

随着货币政策收紧，2007年美国次贷危机爆发，破坏程度"百年一遇"，并迅速升级为国际金融和经济危机。从纪录片《监守自盗》（Inside Job）到讲述政府救市的纪实故事片《大而不倒》（Too Big to Fail），从影射高盛在崩盘前夜火线甩卖的《利益风暴》（Margin Call）到准确预见危机做空市场大赚一笔的《大空头》（The Big Short），几部影片分别从不同角度呈现了这场危机。

债务不断积聚。在流动性过剩、需求刺激、房价上涨预期、金融风险隐蔽等多方力量的共同推动下，美国住房购买力显著下降，债务负担加重，违约风险上升，房地产贷款及相关衍生品的安全性愈发薄弱。诺贝尔经济学奖得主、美国耶鲁大学经济学家罗伯特·席勒认为，被误导的美联储、抵押贷款经纪人、华尔街银行和购房者的共同信念是，房价永远不会下跌。

政策收紧引爆危机。为了抑制经济过热，美联储于2004年中开始快速加息，联邦基金利率由1.0%升至5.25%。一方面，高利率抑制居民新增贷款，购房需求减弱，2006年7月开始房价见顶下跌。另一方面，随着货币收紧，抵押贷款利率居高不下，低收入群体偿债压力加剧，最终导致房地产和金融泡沫破裂。

一条绳上的蚂蚱。首先，直接提供次贷的金融机构受到冲击。2007年2月，汇丰控股为其美国附属机构的次贷业务增加18亿美元坏账拨备。2007年4月，美国第二大次贷公司新世纪金融公司申请破产保护。随后，30余家次级抵押贷款公司停业。

接下来，对冲基金、投资银行等机构投资者受到冲击。2007年9月，英国北岩银行发生了三次挤兑事件，这是"次级债风波"影响欧洲金融业的标志性事件。北岩银行在2008年被英国政府收归国有。贝尔斯登成立于1923年，是一家拥有85年历史的投资银行，拥有4000亿美元资产，是美国排名第十七的金融机构。2008年3月14日，贝尔斯登的倒闭标志了这场危机的转折点。由于建立在次贷之上的各种衍生品价值缩水，2008年9月美国第四大投资银行雷曼兄弟破产，结束了158年的历史，近两万名员工失业。同时，商业银行、保险等其他金融机构受到波及。金融机构的危机造成市场恐慌、资产抛售，资产价格进一步下降，资不抵债情况加剧，形成资产负债表衰退循环。

资产缩水程度超过历次危机。2007年美国次贷危机全面爆发并迅速发展成金融危机、经济危机，其严重程度号称"百年一遇"。过去历次金融危机受到较大影响的主要是银行业，而此次危机却波及到了包括银行、对冲基金、保险公司、养老基金、政府信用支持的金融企业等几乎所有的金融机构，使整个金融体系受到严重打击，冲击了全球经济稳定。

## 第五章

# 谁之过？

"给你带来麻烦的，不是你不知道的东西，而是你自以为知道的东西。"

——马克·吐温

沃尔特·白芝浩在记录金融危机时谈到了"过剩""投机"和"恐慌"，而查尔斯·金德尔伯格在描述金融危机时提到了"疯狂、恐慌与崩溃"。震撼全球的金融危机周而复始地发生，而且每次的导火索似乎都不尽相同，真的是"这次不一样吗"？过去的危机之间具有相似之处吗？如果有的话，这些危机背后存在哪些共同因素？虽然每次危机的表现形式和传导机制不尽相同，但把这些危机串起来看，还是能够找到一些共性。

**都是投机惹的祸**

自从有了金融市场，也就有了投机。投资和投机的界限有时很难分清，目的都是要实现资本增值，而投机的一个重大特点就是从金融市场而不是实体经济中寻找机会，而且短时间内就要实现暴利。它有时是金融市场的润滑剂，帮助市场运转，增加交易量；有时是魔鬼，很快把财富洗劫一空。

一朵花何以成为金融产品？1636年，郁金香正式在阿姆斯特丹证券交易所上市，荷兰政府还为其设置了独立的交易法和公证人。公众投资郁金香的最小单位也从一株变成了一股，这样的变动大大降低了投资门槛，提高了普通人投资郁金香的积极性。当郁金香被附加了更为明显的金融属性后，花农和酒馆老板不再满足于种花、卖花，开始通过在市场和交易所收购郁金香，低买高卖赚取高额差价。

荷兰人还发明了期货交易，但很快变成了毫无规律可循的赌博，让更多人参与种植或囤积郁金香。这个时候，投资郁金香已经变成了一场"瞎子指挥瘸子通过障碍"的黑色幽默。

在这起投机事件中，每个环节的参与者都全身心投入，却没有人分析过当时的宏观环境。高度发达的金融系统为产业带来了高光时刻，同时对产业链进行了重塑。无论是最初的参与者花农，还是逐渐加入的酒店老板，以及后来的投机囤货者，其规模占比都随着利润流向而改变，都没有察觉到郁金香将从稀缺走向泛滥。

"东亚奇迹"，投资还是投机？1994年开始，美国麻省理工学院的经济学家保罗·克鲁格曼就敲响了警钟。克鲁格曼认为，虽然东亚具有较高的储蓄率、廉价的劳动力以及大量进入的外国资本，但是因为缺乏高生产率和创新以及高附加值的产业，加上劳动成本上升，这些将耗尽该地区的优势，"亚洲奇迹"亦将终结。直到危机已经出现，日本的《选择》月刊才忽然想起保罗·克鲁格曼的话，不无惋惜地认为，克鲁格曼过去指出的亚洲

# 第五章

经济偏重于投入型的做法犹如当年苏联的模式，其结果必然造成资源破坏、经济停滞，这个判断现在已经应验了。

这场危机的导火索是国际金融巨头索罗斯。索罗斯属于"黑天鹅玩家"，经常性地从一堆垃圾里拾取被大家忽略了的东西，跟群体意识对赌，赌输的概率很大，但是赌赢了，也就赚大了。索罗斯的投资跟巴菲特不一样，巴菲特看准什么东西会升值，然后持有那东西，慢慢等着升值，比较有耐心。索罗斯的操作思路是看准什么东西被错估，然后投入巨资对赌。当后来出现了大规模的卖空投机时，尽管中央银行试图干预，但是这些亚洲国家的经济最终崩溃，很快失去了应对危机的能力。

次级贷怎会受追捧？2007年7月末，华尔街顶级投行之一贝尔斯登旗下的担保债务凭证（CDO）对冲基金轰然倒塌，此后演变为引发全球性金融危机的次贷危机。就像电影《大空头》里所描绘的，因为对利润极度的追求，导致整个金融大厦的根基都已岌岌可危，而每个人都像吸毒者一样浑然不知，乐在其中。

次级抵押贷款是一种高风险的房屋贷款。银行会肆无忌惮地做这种有点"次"的贷款，是因为美国资本市场在20世纪80年代如火如荼的金融创新。事实证明，评级机构并没有恪尽职守。它们完全依赖历史模型，而不考虑过热的房地产市场和持续下降的贷款质量以及日益严重的违约率。

说到这里，可能有人会有疑问，既然投机活动这么危险，为什么不严加管理呢？这说起来就有些复杂。投机和投资的界限经常不好区分，而且市场也需要一定量的"投机"活动来活跃市场，纠正价格的偏离，只不过有时价格偏离的有点大，这时纠正起来就会导致风险加大。而且，从监管者的角度看，在危机爆发之前，要识别这些风险也是有困难的。比如华尔街银行家制造的这些衍生产品，用金融工具做得极为复杂，要想看懂并非易事，要想判断其中的风险就更难。

**十次危机九次房地产**

房地产这个行业非常重要，因为房子价值高，价格涨起来收益十分可观，又可改善居住条件，因而十分受资本的追捧。当然，当它的价格暴跌时，也就会重创金融系统，因而有着"十次危机九次房地产"之说。

美国的次贷危机本质上来说，就是一场房地产泡沫危机。小布什——这位共和党总统也是"美国梦"的鼓吹者，在互联网泡沫与"9·11"事件后，为了提振信心、刺激经济，实施了"居者有其屋"计划，通过房地产撑经济、稳人心。2001—2007年美国房价涨幅远超过去30多年，至2006年3月美国名义房价指数在5年时间里增长73%。

"NINJNA"一词是三无贷款人的英文简称，代表着无收入（No Income）、无工作（No Job）和无资产（No Assets）。在美国，这类个人信用评分（FICO）低于 660 分及格线的三无人员，可以轻松地通过按揭贷款中介（以房地美、房利美为代表）获取商业银行的贷款，并帮助 NINJNA 和与之类似无正常借贷能力的人实现"房地产造福"的美国梦，这助推了房地产泡沫，同时也成为次贷危机的导火索。

作为美国政府背书的房地产按揭贷款支持公司，联邦住房贷款抵押公司房地美和联邦国民抵押协会房利美，当时承保或者购买的房地产贷款占美国居民房地产市场的 80%。

投资人往往考虑两房背后是美国国会，其债券基本等同于美国国债，评级机构也纷纷给予两房债券极高的信用等级。危机爆发后，两房崩溃，美国联邦住房金融局令两房从纽交所退市，其发行的 5 万亿美元以上规模债券大规模缩水。两房债券投资者中，70% 以上是养老基金、共同基金、商业银行和保险公司等美国国内投资者，这些机构均蒙受了巨额的损失。

亚洲金融危机通常被认为是一场货币危机，然而也与房地产有关。20 世纪 80 年代以来，泰国将出口导向型工业化作为经济发展的重点。为了解决基础设施落后和资金短缺等问题，泰国政府进行了一系列改革，这其中包括开放资本账户。当时泰国土地价格低廉，劳动力供给充足，工资和消费水平都比较低，再加上政府的各种优惠政策，大量外资迅速涌入泰国。

在银行信贷的大量扩张下，首都曼谷等大城市的房地产价格迅速上涨，房地产业的超高利润更是吸引了大量的国际资本，房价出现猛涨。1988—1992年地价以平均每年10%—30%的速度上涨；在1997年7月，则达到每年40%，某些地方的地价1年竟然上涨了14倍。

房地产业在过度扩张的银行信贷的推动下，不可避免地积聚了大量的泡沫。由于没有很好地进行调控，最终导致房地产市场供给大大超过需求，构成了巨大泡沫。1996年，泰国的房屋空置率持续升高，其中办公楼空置率几乎高达一半。随后出现了泡沫破裂，仅1997年下半年就缩水近三分之一。

大萧条也是一场大规模的居民住房和商用房地产危机，这一结论已被20世纪20年代的财务记录无可辩驳地证实，然而以往却多有忽视。美国城市那些标志性的天际线恰似大萧条的侧影：纽约的克莱斯勒大厦、帝国大厦和洛克菲勒中心；芝加哥的购物中心、箭牌大厦和论坛塔大厦；费城的储蓄基金大厦；洛杉矶市政厅；达拉斯的棉花交易所大厦；底特律的菲舍尔大厦；休斯敦的海湾大厦等。它们堪称20世纪20年代的建筑业壮举，均是房地产业衰退前的井喷产物。这些地标性建筑大多为房地产投机项目，并无实际需求支撑。

**人性的贪婪与恐慌**

为什么人们明知道投机有风险，仍然趋之若鹜？房地产市场的崩溃屡见不鲜，为何还是反复出现？归根结底，金融危机是人类一手酿造的。房子也好，郁金香也罢，都是人类满足自己贪婪本性的工具而已。人们有时候会从危机中吸取教训，但多数情况下，就像"金鱼的记忆只有7秒钟"一样，人对危机带来痛苦的记忆时间也是有限的。

博傻理论。人有时候还经常缺乏自知之明。当你看到周围的人都从市场里赚钱的时候，很难抑制住内心的冲动。有一句经常提起的话，说当你看见卖菜大妈都开始炒股的时候，说明股市已经赚不到钱了。但多数情况是，当你看见卖菜大妈都从股市赚钱的时候，一定是在懊恼才华横溢的自己为何却在袖手旁观？于是，在金融市场中，当潮水退却时，发现是自己在裸泳。"股神"巴菲特认为，由于人性贪婪，金融风暴终会再度重演，"当比你还笨的邻居变有钱时"，就该留意泡沫又出现了。可是"股神"只有一个，多数人都是被割的"韭菜"。

"羊群效应"。郁金香只是一株花，再怎么名贵，它都无法代替食物、衣服和其他生活必需品。为什么人们会如此疯狂，只是为了炫富吗？不仅仅是如此，当时的人们相信：郁金香价格一定会上涨，只要买入，就能赚钱。可是，郁金香没有翅膀，没有依托，终究会落到地面上。如今，"郁金香泡沫"已经成为泡沫经济的代名词，人性的贪婪在财富面前暴露无遗，在非理性的繁荣之后，最终只能迎来破灭。

人们这样的行为类似一群羊，领头的羊跑到哪里，其他的羊就会跟到哪里，认为这样可以找到草吃，也叫"盲从效应"。跟随的羊虽然省事，不用自己找方向，但也忽视了周围是否有狼的存在，当风险来临时，则不能率先逃离现场。有些投机者知道自己是跟随的羊，但他们的信条是：宁与人共醉，不要我独醒，但一定在音乐结束前离场。他们试图利用"羊群效应"，从中获利然后离场，但在利益的引诱下，又有多少人能及时离场呢？有一个关于"羊群效应"的幽默故事：一位石油大亨到天堂去参加会议，一进会议室发现已经座无虚席，没有地方落座，于是他灵机一动，喊了一声："地狱里发现石油了！"这一喊不要紧，天堂里的石油大亨们纷纷向地狱跑去，很快，天堂里就只剩下他自己。这时，这位大亨心想，大家都跑了过去，莫非地狱里真的发现石油了？于是，他也急匆匆地向地狱跑去。

"大肠杆菌效应"。恐慌是会传染的。几起受污染汉堡事件的传言吓得消费者拒绝购买所有肉类产品，而不是试图弄清楚哪些商店、哪些地区的哪些肉类产品受到了污染。次级抵押贷款占美国所有未偿还抵押贷款的比例不到七分之一。房地产市场某一领域的坏消息也会产生"大肠杆菌效应"。华尔街金融危机始于房地产，但却扩散到整个金融领域，乃至全球经济，恐慌情绪起到了放大器作用。当危机到来时，人的第一反应是逃跑，而不是冷静下来，仔细判断一下风险究竟有多大，结果就像人群踩踏事故一样，相互伤害。其实，在这种情况下，逃离未必是不理性的，如果其他人都在撤退，而你原地不动，结果是危险的。比如，市场传言某家银行要破产，大家都去提款，而你认为这家银行一直信用不错，其他人是过度紧张，然而大家的挤兑可能真的会导致这家银行破产，而按兵不动的你最后无法取回存款，这就是金融市场。

纵览各次金融危机，实质上都是债务危机或杠杆危机，无非表现形式不同。国外债务危机主要是债务违约、汇率贬值和资本出逃，国内债务危机主要是通货膨胀、资产价格泡沫和货币贬值。没有人确切地知道下一场金融危机是什么样子，但从历史上看，危机都是在过度冒险和举债中遵循着狂热—恐慌—崩溃的模式。

## 如何避免下一场危机

"金融危机给我们的一个经验教训就是，不能为了解决一个问题，却创造一个更大的问题。"
——林毅夫

危机来了，总要想办法应对，决策者在压力下仓促出台的政策，却并不总是行之有效。当然，人类也努力地在从上一次的危机中吸取教训，尝试更好的解决办法，似乎避免了"同样的危机重演"，但却无法防止出现另外一种"不一样的危机"。

### 昏招百出

宁可"胡佛大帝"什么都没做。金融危机后，股市下跌形成的负向财富效应及失业的上升，使得美国民众个人消费开始减小。但胡佛政府并未针对性地扩大政府开支，以弥补需求缺口。相反，不顾一千多名经济学家的联名反对，1930年6月，胡佛政府为了保护本国工商业，签署了《斯穆特·霍利关税法案》，将多种商品关税提高到历史最高水平。胡佛政府的贸易保护政策迅速引来了欧洲国家的反制和报复措施，使美国的进口额和出口额都骤降50%以上，原本处于顺差国地位的美国净出口额骤降，进一步打击了本国工业和商业信心，全面的经济危机爆发。

危机蔓延到欧洲，越来越多的国家开始放弃自带通缩属性的金本位，这时美联储却做出了第二个愚蠢决策——提高利率、减少货币供给、维护金本位。这对于正面临通货紧缩和流动性危机的美国经济来说，无疑是雪上加霜。到了1931年年底已有近3000家银行倒闭，失业率高达15.9%。1932年经济危机最严重时，联邦政府的税收下降，胡佛政府甚至进一步加税以平衡财政，无疑加深了萧条的程度。

当时，"政府需要平衡预算"是无可争议的国际共识。所以，

## 第五章

当胡佛要求国会增加税收以平衡财政时，共和党和民主党竟然罕见地团结一致表示支持。这最终酿成了美国在萧条中的第三个昏招——《1932年税收法案》。个人所得税和营业税大幅提高，地产遗产税直接涨了一倍，就连战时货物税也重新开始征收，这无异于往伤口上撒盐。结果就是不但赤字没抹平，经济还再遭重创，道琼斯指数直接跌到41.22点，只比1896年诞生时多了0.25点。

大萧条时代最常见的政治笑话是拿胡佛总统"开涮"。有个笑话说，在1932年夏天，公路边想搭便车的人举着的牌子上通常写有"搭我一程吧，不然我就投票选胡佛"。据说民主党雇用了一位精明的时事评论家查尔斯·麦格逊精心编排了大量消遣胡佛的段子，这使得以胡佛的名字为基础的新词进入了英语词典："胡佛毯"指旧报纸，流浪者可以裹在身上取暖；"胡佛猪"指野兔，逮住可以美餐一顿；"胡佛旗"指空空如也的口袋翻过来耷拉在裤子外面；"胡佛村"是城郊流浪者聚居的地方。

### 紧急救助

在经过1929—1933年的大萧条洗礼之后，当金融危机再次爆发时，决策层的行动速度有了改进。

华尔街救火"三剑客"。2008年国际金融危机爆发后，美联储联合财政部救市。时任美联储主席的伯南克、美国财政部部长保尔森、纽约储备银行行长盖特纳（后来成为保尔森的继任者），组成"救市三人组"。谈到保尔森，人们会想起他在白宫向时任众议院议长、民主党人佩洛西单膝下跪的镜头。在一场无果的两党争论之后，在至关重要的银行不良资产救助法案议会表决之前，那一跪浓缩了保尔森在危机中的全部努力——实用至上。他先后支持修改市价计值会计准则，支持禁止卖空，甚至亲手注资投资银行。以前在他看来不可想象的事情，他做起来并不困难，因为没有选择，"不然后果太惨重"。

财政部率先以 7000 亿美元拯救了大型商业银行，但危机并未出现缓和，二级市场完全崩塌，一级市场一潭死水，实体经济失去活力。美联储接着投入更大资金量救市，在市场上买入机构债与按揭抵押债券，向市场注入流动性，并通过折扣窗口向商业银行提供 1—3 个月紧急贷款。2007 年中开始，美联储先后 12 次调整贴现率，还对再贴现贷款的期限进行了延长，扩充了可以作为再贴现担保资产的范围，对于哪些机构可以获得再贴现贷款，美联储同样进行了扩展。

美联储通过三轮量化宽松政策刺激经济。常规利率政策下，美联储买入中短期政府债券，向市场注入流动性，造成联邦基金利率下降，然后通过利率传导作用，使长期利率（汽车贷款、按揭贷款）下降，以此刺激消费与投资。

量化宽松的逻辑是，当联邦基金利率降低至一个低无可低的地步时，美联储将直接调降长期利率。具体操作是美联储买入长期债券，债券价格上涨后，长期利率下降。大规模买入债券后，这些债券作为资产大幅膨胀了美联储资产负债表，因此美联储就需要开动印钞机，发行基础货币，也就是增加资产负债表中的负债，以满足量化宽松的操作。配合量化宽松，美联储还使用了扭曲操作。2011年9月开始，美联储卖出短期债券，买入长期债券，这样的操作将压低长期国债收益率，不会增加基础货币投放。2014年10月29日，美联储宣布结束资产购买计划，2008年底开始实施的量化宽松政策画上句号。

**金融改革**

美国加强金融监管。1933年3月4日，被寄予厚望的罗斯福发表了著名的"唯一让我们恐惧的，就是恐惧本身"的就职演说，上百万美国民众通过收音机听完了这场振奋人心的演讲。摆在罗斯福面前有"三座大山"：对金融一窍不通的底层民众、对金融了如指掌的华尔街和千疮百孔的金融系统。3月12日，罗斯福在白宫发表了第二场面向全国的讲话，即"炉边谈话"。罗斯福这种富有亲和力的形象，让中下阶层有种"天亮了"的感觉，也让瘫痪的银行系统重新建立起了信用，大量的货币和黄金开始回流，经济重新运转起来。随后，罗斯福废除了金本位，纠正了美联储犯下的错误，接着颁布了《格拉斯—斯蒂格尔法案》，严格限制金融机构同时从事商业银行和投资银行业务，这几乎是最精准的狙击，华尔街财团的融资与兼并大受限制。著名的摩根公司被一拆为二，成为了今天的"大摩"和"小摩"。罗斯福政府紧跟着炮打纽交所，其颁布的《1934年证券交易法》推动美国证监会的成立，将本质上是私立机构的交易所纳入了监管体系。从华尔街夺权的最后一步是《联邦储备法》，货币决策权被从12个地方联储手中抽走，集中在华盛顿联储的委员会手里，联邦政府对货币政策的影响力大大加强。1933—1937年，联邦政府抛弃了金本位，美国货币扩张增加了接近42%。

但在大萧条的记忆有些淡忘之后，在数十年未发生重大金融危机的情况下，放松金融监管的声音逐渐成为主流，美联储前主席格林斯潘是积极倡导者。1998年，花旗银行与全美第二大保险集团旅行者合并，商业银行和投资银行之间的金融混业再次被美国监管层认可。在创造20世纪90年代中后期美国经济奇迹的克林顿政府治理下，美国国会废除了64年之久的《格拉斯—斯蒂格尔法案》，通过了《金融服务现代化法案》，为诸如花旗之类的"金融超级市场"的建立和运行开放绿灯，这为2008年的金融危机埋下了伏笔。

2008年金融危机后，要求加强监管的声音又强大了起来，2010年，在民主党总统奥巴马的推动下，号称"美国历史最强金融监管法案"的《多德—弗兰克法案》获得国会通过，主要内容包括：扩大监管机构权力，破解金融机构"大而不能倒"的困局，允许分拆陷入困境的所谓"大到不能倒"的金融机构，禁止使用纳税人资金救市；设立新的消费者金融保护局，赋予其超越监管机构的权力，全面保护消费者合法权益；采纳所谓的"沃克尔法则"，即限制大金融机构的投机性交易，尤其是加强对金融衍生品的监管。

东亚构建地区金融防御体系。亚洲金融风暴后，日本曾主动提出单独出资 1000 亿美元成立"亚洲货币基金"，旨在确保亚洲不再爆发危机。但该构想不仅在机制上无法形成可协调大国与小国竞争的"汇率制度"，而且在国际流动性的供给上也缺少发展眼光，在地区经济失衡调整机制上更是缺少制度手段，无法确保汇率稳定、充足供给国际流动性，以及调整地区经济失衡的机制作用。

此后，2000 年初，在"东盟 + 中日韩"框架内形成了《清迈倡议》机制，即在统一框架内的"双边货币互换"机制。该机制历经 17 年的发展和扩容，现已达 2400 亿美元规模，在量上具备遏制投机的功效。但该机制仍仅从外汇储备的角度应对危机，未能从汇率制度、国际流动性供给机制，以及经济失衡调整机制上考虑地区体制建设问题，不具应对新型危机的功能，各国在进一步推进上也并不积极。

就像前文提到的，金融危机在人类历史上会反复出现。随着中国金融市场的越来越发达、越来越开放，确保金融稳定、防范金融危机的要求也会越来越高。以史为鉴可知兴替，这是我们中国人做事的一个特点，回顾其他国家金融危机的历史，是为了从中吸取经验教训，进而能够避免。还有值得一提的是，虽然金融的专业性很强，但也是我们所处的复杂体系的一部分，金融危机中还有非金融因素，比如美国应对金融危机的办法还要受到党争的掣肘，研究和分析金融危机如果能有更多维的视角，更有利于我们接近对客观世界的完全的认识。本章限于学识、视角和篇幅，只聚焦金融领域的探讨，对于金融危机的认识还应继续深入。

第五章

# 参 考 文 献

1. [美]查尔斯·P.金德尔伯格、罗伯特·Z.阿利伯著，朱隽、叶翔、李伟杰译：《疯狂、惊恐和崩溃——金融危机史》，中国金融出版社2014年版。
2. [美]约瑟福·P.乔伊斯著，崔梦婷等译：《IMF与全球金融危机》，中国金融出版社2015年版。
3. [美]本·伯南克、蒂莫西·盖特纳、亨利·保尔森著，冯毅译：《灭火：美国金融危机及其教训》，中信出版集团2019年版。
4. [美]罗伯特·席勒著，何正云、束宇译：《非理性繁荣与金融危机》，中信出版集团2020年版。
5. [美]卡门·M.莱因哈特、肯尼斯·S.罗格夫著，綦相、刘晓锋、刘丽娜译：《这次不一样：800年金融危机史》，机械工业出版社2020版。
6. [美]G.爱德华·格里芬著，罗伟、蔡浩宇、董威琪译：《美联储传——一部现代金融史》，中信出版集团2017年版。
7. [美]海曼·P.明斯基著，石宝峰、张慧卉译：《稳定不稳定的经济——一种金融不稳定视角（中文修订版）》，清华大学出版社2015年版。
8. [美]本·伯南克，巴曙松、陈剑译：《金融的本质——伯南克四讲美联储》，中信出版集团2017年版。
9. [法]雅克·德·拉罗西埃著，文晓荷译：《金融危机五十年》，中信出版集团2019年版。
10. [法]克里斯蒂安·肖瓦尼奥著，袁晨星、张琛琦译：《金融危机简史》，民主与建设出版社2017年版。
11. [英]亚当·图兹著，伍秋玉译：《崩盘：全球金融危机如何重塑世界》，上海三联书店2021年版。
12. 刘军红：《亚洲金融风暴爆发20周年，关于金融制度的反思与启迪》，《大众日报》2017年7月19日。

# 第六章
# 新赛道与新挑战

# 第六章

古希腊神话说，宙斯让众神都在潘多拉捧着的盒子里放一件礼物。美神阿芙洛狄忒放入魅惑，天后赫拉放入好奇心，智慧女神雅典娜放入无知和希望，神的使者赫尔墨斯放入伶牙俐齿，太阳神阿波罗放入音乐天赋。当然，还有更多的神放进去疾病、疯癫、灾难、罪恶、嫉妒、偷窃、贪婪……突然有一天，盒子打开了，各种各样的祸害蜂拥而出危害人间，最后盒子里只剩下希望。

科技驱动的金融创新就像这潘多拉的盒子。它是吸引人的，是能够带来财富的，是给人美好想象的，全世界超过一半的人由此受益。从储蓄到贷款，从股票到期货，从电子盘交易到高频交易，从电话银行到智能投顾。拜科技创新之赐，人们减少了排队取钱的困扰，摆脱了无法证明自己有能力偿还贷款的窘迫，挥别了靠高呼报价才能达成交易的时代。人们各得其所、居者有其屋的梦想似乎也在金融的帮助下正变成现实……这就是金融的魅力和魔力所在。

然而风险与危机也与科技支撑下的金融创新相伴，其结果则更是灾难性的甚至颠覆性的。20世纪90年代，尼克·里森钻了电子交易尚不成熟的空子，直接导致巴林银行倒闭，连英国女王也因此"血亏"。2007年杰洛米·柯维尔滥用法国兴业银行交易系统，导致该行71亿美元巨亏。2007年之后的危机中，高频交易扮演了推动次贷危机恶变为国际金融危机的不光彩角色……

即便如此，金融依然没有丢掉科技创新这个伙伴。相反，在数字化转型如火如荼的当下，金融和科技更紧密地结合在一起。这恰恰印证了"潘多拉之盒"的故事：盒子里还有"希望"，人们仍然对科技赋能金融的前景抱有极大的期待，尽管层出不穷甚至前所未见的风险及其对金融安全的威胁正笼罩世界。

第六章

# 金融遇上高科技

"华生先生,请过来,我想见你。"这是电话之父亚历山大·格雷厄姆·贝尔通过电话线说出的第一句话。一百多年过去了,当年的高科技——电话及其之后的多元衍生品,已经成为金融及其衍生品的重要物理基础。电话银行系统的推出使银行与世界各地客户沟通和交易的方式出现了翻天覆地的变化。众所周知,今天我们所谈到的电话已不再是简单的"座机"。它已经演化为电脑、智能手机及其软件。这样的科技迭代改变了人们的日常生活以及银行与客户之间的关系。对消费者而言,智能手机是新的银行分行,是新的银行卡形式,是新的购物计划和投资方式。实际上,科技创新又何止电话。当前,我们正在经历的金融业的数字化转型也是科技创新的变体。同样,从电信诈骗、网络诈骗等"窃钩"到网络攻击和勒索,再到科技巨头干政并企图"窃国",在这样翻天覆地的科技创新中,金融的机遇与风险也相伴相生。

## 新技术催生新业态

在过去的30—40年里,金融机构的"生产"过程发生了重大变化。银行间零售支付的电子传输在20世纪70年代才开始，但由于业务需求大，加之支票兑换和网上银行的普及，这种方式获得广泛应用。在中介方面，商誉数据已用来评估信用进而作为向中小企业发放贷款的依据。在这一过程中，电子化和信息化的技术变革推动了全球消费贷款市场的深度发展，并为全面风险管理提供重要支撑。

随着数据分析技术的发展，银行可以使用更多方式来评估向中小企业放贷的可能性。例如，小企业信用评分（SBCS）是20世纪90年代引入的一种方法，目前仍在不断发展。这种数据筛选技术主要是通过分析与企业相关的消费者数据，并将其与企业自身相对有限的数据相结合，然后使用统计方法来预测企业未来的信用表现。随着数据分析技术成本的降低，小型企业贷款的信用评分已经在小型银行以及类似的非银行金融机构普及。

过去几十年，向美国家庭发放次级贷款以供其支付住房和汽车的首付变得颇为流行。一般来说，此类贷款的借款人信用记录普遍较差。因此，长期以来他们一直被排除在信贷市场之外，难以获得贷款。然而，大型历史数据库的使用让金融机构得以开发出适用于信用较差者的贷款风险评估与定价模型。中小银行和储贷协会向信用较差者发放次级贷款的大门由此打开。这在很大程度上活跃了美国的房地产金融市场，并帮助美国普通居民圆了"居者有其屋"的美梦。

第六章

人工智能在金融业的运用一方面体现在监管科技上。它不但可以运用人工智能技术优化现有产品，而且可以帮助金融机构更好地开展信贷和风险管理，发现资产异常定价，并满足监管部门提出的合规要求。另一方面，人工智能也助推金融衍生品创新。对于金融消费者而言，依托人工智能技术开发的智能投顾系统，可提供自动化的个性化投资建议，帮助用户配置投资组合、提示投资风险。智能投顾系统还可在客户同意的情况下，根据不同投资者风险承受能力和其所持有的金融资产，自动进行投资组合选择和重新平衡，帮助他们实现财务目标，规避投资风险。

区块链技术的重大进展，拓展了金融创新的想象空间。区块链是分布式簿记的应用之一。在区块链中，数据以块的形式添加到分类账簿中，这些块按时间顺序排列，并使用密码学技术相互链接。这使应用区块链技术的数据库具备很强的防篡改能力。比特币和类似的加密币使用区块链记录加密所有权，并行使"财富"存储和支付等职能。原则上，运用这项技术的代币可以代表任何资产的所有权，包括实物资产，包括但不限于黄金和美元等主权货币。从本质上说，区块链将取代目前大型支付中介机构所扮演的"可信第三方"角色。

在今天，技术变革已经极大地重塑了金融服务业。据统计，金融领域近百年来有24项重大创新，其中14项是2000年以后产生的。这与互联网革命以及计算技术的大发展显然紧密相连。一个很好的例子，就是金融服务业正在实现从依赖人类判断到自动分析消费者数据的转变。这不但使得原本主要是在本地市场开展的金融服务得以走向全球与其他金融机构展开竞争，更使得金融效率变得越来越高。例如，开放银行通过基于动态信用登记数据库构建的零售贷款应用程序，开展信用评分已成为常规做法。这种数字化的方法大大降低了贷款机构的承销和合规成本，并可以利用得到的数据进一步改进其风险度量和管理。这种先进技术手段可以使原本缺乏存款资金的非银行机构通过资本市场融资与银行竞争。

鉴于科技对金融服务的重要性日益增长，越来越多的科技型公司开始提供金融服务，这种发展通常被称为"金融科技"。许多金融科技公司将零售客户的自动化分析与更友好的界面结合起来，为消费者提供更方便以及成本更低的服务。此外，在一些国家，人工智能也已被用于审批贷款。像"市场贷款"平台这样的金融科技创新，已经能够实现利用信用评分工具评估风险并简化贷款申请流程等功能。与传统繁荣的银行核批贷款流程比起来，这一功能显然更具吸引力。更加重要的是，大数据分析还可以在评估信用、应用场景和风险后，将有信用的借款人直接匹配到投资者，有效降低贷款对存款的依赖。这更接近金融理论家对金融的定义：在不确定的环境中促进经济资源的跨时空配置。这些金融创新由技术变革驱动，正给人们带来更广泛的资金来源，以及更加便捷的金融服务。

**过度创新的代价**

正所谓"阴在阳之内，不在阳之对"。人们在享受科技创新带来的金融红利的同时，也不得不承担相应乃至不成比例的风险。例如，利用信用评分技术，金融机构可以通过"不到场调研评估"向偏远地区直接放贷。但同时，这样的贷款也不可避免地会流向风险较高的借款人，实际上增加了诱发类似美国次贷危机的系统性金融危机的可能性。技术革新虽然帮助金融机构在一定程度上控制了风险，但是贷款量暴增更使风险的总量和复杂程度上升。

汽车贷款违约率随着贷款规模的增加而增加，主要是因为风险较高的借款人需要更多的贷款。一般情况下，贷款机构为减少道德风险，会限制贷款规模并进行风险评估。然而使用相同技术并遵循类似风险防控规则的次级抵押贷款市场则显现出另一番景象。2004—2006年间，美国住房抵押贷款的平均发放量约为20%。尽管美国许多地区的住房负担能力正在下降，这种信贷繁荣促进了潜在房主群体扩大，并帮助美国在2004年创下了69.2%的住房拥有率纪录。次级抵押贷款余额最终在2007年达到1.2万亿美元的峰值。显然，即便是相同的技术，金融机构对贷款发放模式的依赖，依然给其自身及下游的贷款承销商带来了道德风险问题。由于多数次级贷款被打包成证券出售，相当规模的信用风险从承销商转移到了投资者手中。承销商在承销次级抵押贷款时不够严格，反过来也放任金融机构大肆放贷。

区块链也可能被用于共谋。其致命弱点是，当没有可信的"中心"来验证事物的真实性时，如何确定信息的可靠性。同时，使用区块链技术来实施金融领域共谋犯罪的动机是：使用分布式簿记技术的应用程序不一定能从网络效应中获益，也不一定能展现出规模经济。一些分布式簿记应用所采用的解决方案是，将参与者的集合限定为一组相互有一定信任的公司，如果它们被发现在账本上进行无效录入，那么相关资金将面临风险。区块链受益于网络效应，因为更多的人为了更多的目的使用区块链，增加了所有用户的潜在用途。此外，区块链的开放性意味着它们必须采取措施，提高试图更改现有记录的成本。

人工智能是近年来影响金融业的重要技术进步之一。它凭借更海量的数据、更强的计算能力和不断优化的数据分析算法，使得机器能够依靠数据实现自主学习和进步，并提供更可靠的预测结果。

十多年前的国际金融危机使一些人对大多数金融创新的有效性产生了怀疑。他们认为这些活动很大程度上与金融过度创新中的不当行为，及其带来的不稳定有关。金融衍生交易层出不穷，甚至成为金融危机的肇因。这一切很大程度需要归功于电子信息、计算、互联网乃至物联网等技术进步所带来的变革。这种技术进步刺激了金融创新，改变了许多金融产品、服务、生产流程和组织结构。当然，许多金融创新以失败告终，甚至引发金融风险，要么是因为本身存在根本的设计缺陷，要么则是因为"艺高人胆大"，患上了技术依赖症或者技术妄想症。

## 科技巨头"趟水"金融

"大象闯进了瓷器店"——这是科技巨头进入金融业的真实写照。凭借其在电子商务和社交媒体业务线中的用户数据，以及数字服务中固有的网络效应，大型科技公司在进入金融服务领域后，能迅速扩大经营规模。但与此同时，它们也带来了市场集中和数据治理等新挑战。

以美国的科技巨头为例，它们主导着以技术为导向的纳斯达克综合指数。事实上，它们在标准普尔500指数中约占15%，是整个股市的领头羊，这意味着它们的表现往往预示着整个美国经济的趋势。想知道"有钱+有权+有数"是种什么生活？就请看看那些科技平台的样子吧。2022年新年伊始，苹果公司成为美国，同时也是世界上股票市值最高的上市公司。3万亿美元是什么概念？它是美国近乎全年的财政收入。若与世界主要经济体2021年的经济总量一起排名，苹果将毫无悬念的名列前5，仅位于美、欧、中、日之后。以前，美国头几大科技巨头的缩写是FAANG，意为獠牙、毒牙（英语里fang的意思如此）。现今，随着脸书（Facebook）改名叫Meta，华尔街投行又把五家科技巨头的首字母组成了一个新词MAMAA［Meta、苹果公司（Apple）、微软（Microsoft）、谷歌（Alphabet）和亚马逊（Amazon）］。这表明，人们在屈服于科技巨头权势和威力之余，调侃这些企业实在是太富且太有权势了，以至于它们加起来好像是"世界之母"。

**打造"资本帝国"**

这些数据平台企业、科技巨头何止是有钱，它们的影响已经

第六章

渗透到人类活动的各个方面。

科技巨头介入金融业的故事从支付开始。支付交易在短短几年内的快速增长显示出科技巨头构建金融帝国的轨迹。目前，这些科技巨头已在零售支付系统中占据了相当大的份额。在一些国家，科技巨头已经重塑了支付系统，它们占移动支付市场的比例超过 90%。除了支付业务，科技巨头还在一些市场上成为个人和小企业的贷款人，并提供保险和财富管理服务。即使在那些大型科技公司尚未在金融体系中占据主导地位的国家，它们快速增长的潜力也令人刮目相看。

数据不仅可以为收集和控制数据者提供私人价值，而且还可以为整个经济体提供社会价值。然而，个人数据经过汇总和处理后才有价值。要想创造和获取价值，既需要原始数据，也需要具备将数据变为数字智能的能力。使数据获得价值有助于进入更高的发展阶段。科技巨头就是这样的"集大成者"。它们使原始数据经过转化——从数据收集、分析到处理成数字智能，形成新的资本，滋生新的价值。因为数字智能可以用于商业目的，或服务于社会目标，从而具有社会价值。

就在科技巨头还在持续膨胀、五家头部企业股票收益超过美股总数一半的今天，它们的经营模式被西方世界有识之士概括为"监控资本主义"。科技巨头＝工作，科技巨头＝生活，科技巨头＝金主，科技巨头就是无所不能、掌控一切的"妈妈"（MAMAA），这才是科技巨头及其形成的霸权真正令人感到毛骨悚然的一面。Meta的前身脸书（Facebook）曾因泄露用户隐私数据而被美国联邦交易委员会罚款50亿美元，然而其股价不跌反升1.8%。说到科技集团掌控数据并用其作恶，例子数不胜数。比如，苹果公司滥用人脸识别数据和算法导致无辜人被抓。脸书向剑桥分析公司出卖数据影响美国大选，为逐利出卖用户实时位置，侵犯个人的隐私权利。Google、Apple的语音助手收集用户谈话数据，识别用户健康状况、商业谈判信息。亚马逊滥用平台管理权限，获取同平台其他商家热销产品数据推出仿制品被告发……上至政治、下至小利，无一不沾，凸显其吃相难看。

# 第六章

**操控市场走向**

科技巨头总能轻而易举地占据市场支配地位，而这将对金融安全产生深远影响。市场支配地位和数据治理市场支配力的巩固意味着支付服务的高成本。目前可见的风险是，当大型科技公司占据主导地位时，平台竞争的经济效益可能会导致商户收取比目前更高的费用。除了数据集中导致的市场支配地位的经济后果之外，隐私受科技巨头侵犯导致数据滥用的风险则更高。调查显示，美国民众表示他们最不信任大型科技公司。然而数据治理超出了传统金融安全关注的范畴，却可能会在将来成为最重要的金融安全问题之一。

实际上，科技巨头染指金融业，依靠的就是其掌握的数据和分析能力。由于数据在数字经济中的中心地位，大型科技公司得以进入金融服务领域并快速增长。大型科技公司在电子商务和社交媒体等领域的业务线，可以助其向金融领域扩张。它们的商业模式围绕着用户的直接交互以及这些交互产生的重要副产品数据。大型科技公司的显著特点是，它们可以利用现有业务的用户数据，克服规模限制，并利用数字服务中固有的网络效应，迅速扩大规模。反过来，更大的用户活动产生更多的数据，强化了来自网络效应的优势。

### 觊觎货币权力

2019年6月18日，Meta的前身脸书发布"天秤币"（Libra）白皮书，联合众多机构倡议发行一种不受主权管辖的基于区块链技术的全球稳定币——"天秤币"。这份白皮书畅想，"天秤币"将以一揽子货币标价的资产作为抵押物，具备去中心化、高保密度等优势，一举解决全世界超过40%的无金融账户人群的融资、汇兑困境。

然而，西方金融发展史表明，金融安全就是国家安全。谁敢挑战资本主义国家货币主权，必然被无情消灭。历史上，欧美中央银行和主权货币之所以出现，就是为了消除货币私有、私铸，以及商业银行无序竞争对市场秩序、经济运行乃至国家安全构成的威胁。美国第二合众国银行曾因试图挑战美国政府、控制社会从而引发1837年恐慌，被美国政府"歼灭"。

有此殷鉴，"天秤币"却还是被科技巨头推了出来，既显示了其无知，更凸显其希望凭借相对于政府和社会的数据优势及技术代差，变相设立世界中央银行的野心。因此，这种所谓的稳定币还没诞生，就被美欧等西方主要经济体视为最大的不稳定因素和僭越之举，遭到监管部门联合打压。

第六章

# 货币的数字革命

2008年国际金融危机爆发后,在金融技术和市场创新的双重推动下,数字资产作为一种新型资产类别迅速崛起。特别是2020年初新冠肺炎疫情暴发后,加密币和数字资产成为全球投资者争相追捧的对象,投资风潮从北美席卷至欧洲、东亚和拉美。在市场规模迅速膨胀的同时,与数字资产相关的风险也引发国际社会广泛关注。加密币和数字资产的性质到底是货币还是资产?数字资产带来的将是金融独立还是金融奴役?对于高度中心化的主权货币而言,将"去中心化"奉为圭臬的加密币究竟意味着什么?显然,上述问题已然超越一般金融风险的范畴,对国家安全也将产生广泛而深远的影响。

**数字泡沫**

自2009年比特币问世,数字资产的发展历程仅短短十余年,却迅速从投资概念蜕变为交易规模上万亿美元的新兴资产类别,其蕴藏的"市场能量"不容小觑。

2008年国际金融危机爆发后,美国政府大肆举债和美联储大规模货币"放水",进一步削弱了全球投资者对美元的信心。技术上,密码和分布式记账技术的进步使新型数字资产的面世成为可能。比特币因此应时而生。

比特币本身充满投资噱头，包括发行量天然受限（总量仅约2100万个），且依托计算机点对点网络技术、加密技术和区块链技术等多种技术的混合，通过计算机大量运算处理产生（比特币的这一生产过程也被形象地称为"挖矿"），依靠密码技术和校验技术来转移、分发和维持。数量的稀缺性和设计的精巧性，使比特币很快成为投资市场的新宠。2013年、2017年，比特币的价格相继突破1000美元、20000美元。在其带动下，各种加密币大量涌现，数字资产的吸引力也与日俱增。

市场规模急速扩大。2020年初新冠肺炎疫情的全球暴发，意外助推数字资产市场的发展。据统计，截至2021年底，全球有2亿人参与数字资产市场，仅美国就有2千万人。数字资产生态体系的市场价值也从2020年底的5000亿美元飙升至2021年11月的近3万亿美元。

产品结构日趋多元。五六年前，比特币可谓一"币"独大，现今，其他类型的数字资产和技术也在异军突起，它们在结构和活动特征上明显不同，包括以太币（Ether）、稳定币（stablecoins）、不可转换代币（NFTs）、去中心化金融平台（DeFi）等。其中，稳定币因其市场发展潜力受到投资者的特别关注。

与价格波动频繁且巨大的比特币相比，稳定币的价格因受到储备资产的支撑而相对稳定，其储备资产既可以是法币、金融资产、大宗商品、贵金属，也可以是其他加密币，甚至算法等。截至 2021 年 11 月 9 日，稳定币的总市值达到 1470 亿美元。尽管从市值看，稳定币仅占数字资产行业总规模的 5%，但它们是数字资产交易的润滑剂，为所有数字资产平台 75% 的交易提供便利。

明星企业崭露头角。数字资产领域出现了一批具有行业影响力的大型企业。例如，Coinbase 成立于 2012 年，目前已经发展成为全球规模最大的加密币交易所之一，全球客户超过 7300 万，包括 1 万家机构和 18.5 万家应用开发商。其他拥有几百万用户以上的大型加密币交易所包括 Binance、FTX 和 Kraken。

新型业态加速演变。例如，去中心化金融（DeFi）是数字资产行业另一个发展迅速的领域。据报道，2021 年 11 月其规模已达 1000 亿美元，而一年前仅为 210 亿美元。到目前为止，DeFi 仍无标准定义，大致是指在无需处于中心地位的金融中介（如经纪商、交易所、过户代理人、银行等）参与的情况下，利用数字资产和区块链技术来复制和替代传统的金融服务（如信贷、资产交易、保险等）交付方式。

**代币两面**

作为金融世界中的新锐势力，加密币和数字资产会给经济社会体系带来什么收益呢？

支持者认为，数字资产市场的发展可以大大增强金融包容性，同时提升支付效率、降低支付成本。在现有技术条件下，使用私人数字货币可令跨国转账所需的时间缩短到几分之一秒，成本降低到0.05美分。更重要的是，加密币和数字资产产业还被视为互联网下一个重要的基础设施层，它将把互联网从以数据、内容和交流为特征的旧时代引入以价值交换和经济协调为特征的新时代。

尽管技术极客对未来的畅想和描绘无比诱人，但现实情况却是，随着加密币和数字资产规模的迅速膨胀，其潜在的负面影响日渐突出。

首先，私人发行的数字货币对金融稳定构成挑战，包括对金融市场完整性、投资者保护、消费者保护、货币政策有效性、支付安全性等方面都构成潜在负面影响。以比特币为例，由于缺乏稳定的底层资产支撑，且供应总量有限，已沦为市场投机工具。近年来，比特币价格数度大起大落，引发投资者对市场操作的担忧。

稳定币也不稳定。虽然稳定币号称有资产支撑，但经常出现过度抵押问题，即无法足额兑现其承诺的储备资产。2020年，最受市场欢迎、代币流通量高达740亿美元的泰达币（USDT）爆出丑闻，其发行方Tether被指在储备资产问题上声明不实。2021年10月，美国商品期货交易委员会对其处以4100万美元的罚款。

加密货币圈还沦为诈骗案重灾区。2020年10月至2021年

3月，仅在美国，就有近7000人对加密币诈骗活动进行了举报，损失总计8000万美元。数字资产的迅猛发展，使得加强投资者保护、消费者保护和维护金融市场完整性，成为各国监管部门刻不容缓需要解决的问题。

其次，由于某些加密币具有匿名性，且支付和交易快捷，极易被犯罪分子和恐怖分子所利用，沦为恐怖融资、洗钱、躲避制裁、逃税避税、勒索等犯罪活动的工具。

2021年上半年，美国金融机构报告了有5.9亿美元与勒索软件有关的可疑支付，而2020年全年为4.16亿美元。虚拟货币在其中的作用越来越凸显。根据近年来与勒索软件支付相关的虚拟货币钱包地址，美国金融犯罪执法网络（FinCEN）确定了总额为52亿美元的比特币交易，可能与勒索软件的支付有关。此外，加密币使用者还易遭受盗窃、欺诈及黑客攻击。2021年5月20日，美财政部称，"加密币为逃税等广泛的非法活动提供便利，已成为重大监管问题。"据其估计，2019年美国政府应收和实收税款之间的差额总计近6000亿美元。

再次，某些私人数字货币还引发了环境担忧。例如，加密币的"挖矿"活动需要资源密集型的算力支撑。据估算，仅比特币"挖矿"每年就需120太瓦时，相当于瑞典一年的电力消耗量。加密币"挖矿"计算机还因寿命短、制造大量电子垃圾而广受诟病。

最后，私人数字货币还对主权货币构成挑战。目前，美国监管机构对比特币等加密币的性质基本形成共识，即认为这类货币并非革命性的支付方式，现在和未来都将只是有风险的投机性投资。因此，美国监管机构更多将其视为一种资产类别，而非潜在的货币加以监管。但是，对于稳定币，美国政府十分警惕。2019年底，脸书曾试图推出盯住一揽子货币的"天秤币"，但被多国政府联合叫停。

2021年6月底，美联储理事布雷纳德指出，稳定币如果被广泛采用，可能成为以新的私人货币形式为导向的替代性支付系统的基础。鉴于19世纪美国私人纸币发行人之间的激烈竞争，曾导致支付系统低效、不稳定和欺诈盛行，广泛使用私人货币进行消费支付，可能导致美国支付系统的碎片化，并增加家庭和企业的负担和成本。

**未来已来**

为应对加密币和数字资产带来的挑战，世界主要经济体已经开始着手推动两方面的改革：一是全面禁止或加强监管，二是推动央行数字货币的研发。

对于加密币和数字资产，主要国家的监管取态主要分两种，一种是全面禁止发行和交易。截至2021年11月，全球已有9个司法管辖区对加密币实施了绝对禁令，42个司法管辖区实施了隐性禁令。一种是将之视为市场上交易的投机性资产，监管改革的方向主要是规范其市场交易行为，包括利用监管工具提高交易成本，加强对交易平台的合规性监管，提升交易的透明性和公平性，防止加密币沦为各种犯罪活动的工具。

对于稳定币是否能充当支付工具，在现阶段，即便是允许其发行和交易的国家也基本持否定态度。例如，欧洲虽不禁止数字资产的交易，但坚决反对加密币等私人数字货币充当支付工具。

2021年12月8日，美国众议院金融服务委员会召开听证会，主要探讨的问题包括是否应当允许私人数字货币成为支付、借贷工具等。目前，美国一些大型数字货币交易所已经手持多种金融执照，一些私人数字货币甚至已经开始尝试发挥支付、融资媒介的作用。是否为这类业务开绿灯，已成为摆在美国监管部门面前的一道难题。

为应对私人数字货币对国家货币主权的潜在冲击，全球主要经济体除积极推动监管改革、堵住监管漏洞外，近年来还热火朝天地投入到央行数字货币的研发中。

中国是央行数字货币的先行先试者。早在2016年，中国人民银行就开启了对数字人民币的研究，截至2022年初，已陆续在国内十个省、市开展试点工作。

2020年1月，日本央行、欧洲央行、英格兰银行、瑞典央行、瑞士国民银行和加拿大银行6家央行宣布，共同组建"评估央行数字货币利用可能性小组"，共享知识经验。

由此，全球掀起央行数字货币研究热潮。根据国际清算银行2021年1月的一项调查，该组织65个成员中有86%正在探索发行法定数字货币；60%的成员已经着手实践；14%的成员正在进行试点。欧洲央行发布报告称，如果不发行央行数字货币，将会变相提高信息技术巨头的竞争力，使个人和企业处于弱势地位。

与其他积极发展央行数字货币的发达经济体相比，美国显得行动迟缓、举棋不定。由于担忧央行数字货币的兴起将削弱并最终取代美元全球支付体系的地位，美国一直没有参与全球六大央行的数字货币合作网络。但是，美国也不愿放弃央行数字货币的国际规则制定权，使自己在未来赛道的比拼中丧失先机。

2020年10月9日，美联储和欧洲央行、日本银行、英格兰银行、加拿大银行、瑞士国家银行、瑞典央行、国际清算银行一道，发布题为《央行数字货币：基本原则与核心特征》的报告，提出发行央行数字货币的三大基本原则，即不损害货币或金融稳定原则、与现有货币形式共存和互补原则以及促进创新和效率原则。基于这些原则，央行数字货币必须具有可转换性、便利性、易用性和低成本特征。底层系统应具有即时结算、全天候可用、高吞吐量、可扩展性、互操作性和高度安全性、弹性、灵活性特征，并以适当的标准和清晰的法律框架为基础。

尽管与其他主要央行达成了上述原则性共识，但截至2021年底，美联储尚未正式发布有关数字美元的政策文件。美联储主

# 第六章

席鲍威尔的表态是，美联储高度重视发行数字美元，正在认真评估由央行与私营部门合作设计并由央行发行数字货币的可行性，希望美联储在制定央行数字货币的国际标准方面发挥领导作用，央行数字货币将是现金和数字形式美元的补充而非替代。总之，对于美国政府而言，现有的美元全球支付基础设施高效且完备，要说服美国国会和选民，在联邦政府已然债台高筑的情况下，拨出重金再造一套央行数字货币系统，似乎既有叠床架屋、浪费资源之嫌，也有盲目跟风、"自废武功"之谬。

2008年国际金融危机的爆发，再度在全球掀起关于国际货币体系内在缺陷和改革路径的激烈讨论。私人数字货币和数字资产的异军突起，以及全球央行对法定数字货币的大规模研究和应用，将这场讨论提升至一个意想不到的新高度。未来已来，在这场数字货币的全球热潮中，或正孕育着国际货币体系革旧鼎新的星星之火。

# 参 考 文 献

1. 姚前、陈华:《数字货币经济分析》,中国金融出版社2018年版。
2. 龙白滔:《数字货币:从石板经济到数字经济的传承与创新》,东方出版社2020年版。
3. 《比较》研究部编:《读懂Libra》,中信出版集团2019年版。
4. 白津夫、葛红玲:《央行数字货币》,中信出版集团2021年版。

# 第七章

# 金融如何影响政治安全

# 第七章

当今世界发展日新月异，百年变局加速演进，金融在各国发展和安全保障中正扮演着越来越重要的角色。作为现代国家治理和国际竞争的重要手段，金融已经突破了经济工具的角色定位，成为大国博弈的战略工具。而"金融战"往往能以迅雷不及掩耳之势迅速摧毁一国经济甚至危及其政权，破坏程度堪比核武器。

维护金融安全是关系到一国政治安全的战略性大事。其中，金融制裁、主权债务和恐怖融资是金融安全影响政治安全的三个典型侧面。金融制裁实际是没有硝烟的战略打击，破坏的是一国经济金融系统的运行；主权债务就像是延缓疾病发作的激素，小剂量有效，大剂量毒副作用明显；恐怖融资则是指恐怖组织为实施恐怖活动获取、转移、运用资金的行为。三者都是通过金融渠道来影响一国政治稳定，严重时甚至能导致一国政权颠覆，故成为维护政治安全需要坚守的重要阵地。

第七章

# 金融制裁与反制裁

2022年2月，俄乌危机升级，俄罗斯对乌克兰采取特别军事行动。随即，美国宣布对俄罗斯加码金融制裁，包括冻结俄罗斯金融机构全部在美资产；限制俄罗斯使用美元、欧元、英镑和日元进行商业交易的能力；阻断俄罗斯增强军事力量的资金来源等。"金融制裁"再次引发全球广泛关注。为什么美国在竭力避免被卷入俄乌冲突的同时，却要升级对俄罗斯的金融制裁呢？金融制裁包含哪几种"武器"，又有多大威力呢？

金融制裁指国际组织或国家依据自身制定的法律和制裁决议，针对特定的个人、组织、实体或者国家所采取的一系列截断资金流的惩罚措施，具体手段包括资产冻结或没收、禁止金融交易、封闭支付结算通道等。其目的在于限制被制裁者的资金融通活动，从而迫其就范。

## 冻结资产

冻结资产是金融制裁最常用的手段之一，通常做法是冻结受制裁国或该国个别领导人的海外资产。在美国的金融制裁实践中，美国常常冻结被制裁国、恐怖组织、个人等在美国的资产，有时也会联合其他国家共同冻结上述对象的国外资产，具体做法包括禁止提取银行存款、禁止买卖股票和债权等。当冻结措施针对的是一国政府的资产时，它不仅能阻断两国间的资金流动，而且还能阻止双方的贸易往来，因此可大幅限制被制裁国的对外经济活动。

1990年，伊拉克入侵科威特的第四天，在美英的积极推动和敦促下，联合国安理会通过第661号决议，宣布对伊拉克实施经济制裁和武器禁运，当时伊拉克在世界各地约30亿美元的财产被冻结。到2003年美国解除伊拉克制裁之时，萨达姆政府仍有17亿美元冻结在美国的银行里。

进入21世纪以来，打击恐怖主义成为美国对外政策的首要目标之一，而金融制裁成为美国实施非对称打击的重要工具，其中冻结资产起到了至关重要的作用。在美国一整套完整的资产冻结体系下，"9·11"事件发生之后仅仅几个月里，总共有172个国家和法庭实施冻结命令，1400个恐怖分子的账户在全世界范围内被冻结，涉及金额高达1.37亿美元。

### 切断资金

禁止金融交易主要指关闭被制裁国的融资通道。一旦某国实体的融资通道被关闭，其将丧失原有资金来源，陷入资金短缺困

# 第七章

境。美国实施金融制裁后,标准普尔、穆迪、惠誉三大国际评级机构往往会降低被制裁国的主权评级,从而抬高该实体在国际市场上的融资成本。为获得外部融资,该实体可能被迫接受更高的融资成本和更苛刻的融资条件,最终融资紧张的局面可能从该实体转向其他领域,甚至最终打击该国财政收入,加剧经济金融困难。

2017年8月,美国发布行政令禁止委内瑞拉在美国资本市场融资,又陆续于2018年3月、5月和11月禁止美国公民购买委内瑞拉的债券和黄金,在全球范围内对委内瑞拉关闭美元交易系统,令其贸易结算、对外融资、债务偿还处处受限。2019年

1月28日，美国宣布制裁委内瑞拉国有石油公司（PDVSA），包括冻结其价值70亿美元在美资产、限制美国公司及个人与其交易、禁止PDVSA子公司在美国运营等。受制裁影响，委内瑞拉原油出口收入减少超100亿美元，严重影响国家财政收入。

**禁用美元**

当前，国际贸易的美元支付和结算主要通过"环球银行间金融电讯协会"（SWIFT）和"纽约清算所银行同业支付系统"（CHIPS）进行。关闭美元支付结算通道，将直接打击被制裁国的进出口贸易，因为当今世界约一半的国际贸易通过美元完成。一旦遭受制裁，被制裁国的国际贸易将大幅降低，进出口收入将大为减少，从而影响经济基本面的稳定。

2012年2月，美国参议院银行委员会提议美国国会通过立法，禁止伊朗受制裁银行和实体利用SWIFT。3月，在美国的要求下，SWIFT史无前例地取消了被美国列入黑名单的伊朗金融机构的会员资格。SWIFT还宣布，根据欧盟对伊朗金融业制裁的规定，终止了对30家伊朗银行跨境支付服务项目。

由于被美国封锁了美元支付结算通道，伊朗无法与其他国家及金融机构使用美元进行直接结算。伊朗只能被迫采取以物易物等非现金交易模式。但即便是伊朗愿意用石油、黄金从其他国家换取所需的商品，大部分国家和国际金融机构也不敢跟它合作。

因为如果它们选择继续与伊朗合作,就有可能被美国以"二级制裁"为名列入"黑名单",这将会对其未来发展造成巨大打击。

**有限的反击**

面对来势汹汹的金融制裁,被制裁国自然不能坐以待毙,往往千方百计试图摆脱制裁影响。以俄罗斯为例。2014年乌克兰危机以来,金融制裁成为美国对俄罗斯全方位制裁中的一个重要领域。为提升制裁威力,美国还联合欧盟,采取局部制裁、逐步升级的方式,不断加码制裁力度。受此影响,俄罗斯经济增长受创,国际资本持续流出,卢布汇率不断下跌。

针对美欧制裁,俄罗斯采取了一系列的反制措施,主要包括限制部分商品进口,实行"进口替代"政策,扶持本国相关产业发展,降低对国外产品特别是国外科技产品的依赖;俄罗斯央行购买受制裁金融机构发行的债券,弥补其国际融资缺口,通过政策性扶持,帮助本国金融机构发展,降低对美元的依赖,增持黄金,减少美元资产持有规模,与多个国家签订货币互换协议,用其他币种替代美元结算,开发俄罗斯金融信息传输系统(SPFS),防止美国利用SWIFT系统卡住美元结算通道;尝试与其他国家发展经贸关系,开展经贸合作,降低对美欧市场的依赖等。从实践结果来看,虽然俄罗斯采取的反制措施取得了一定成效,但面对美欧联手的金融制裁,俄罗斯的经济发展还是受到了较大的负面影响。

面对美国的全面制裁，伊朗囿于自身综合实力，除了在国际场合进行呼吁和外交抗议外，并没有什么有效的应对措施。在人道主义援助通道之外，伊朗几乎无法与其他国家开展正常的经贸往来，其他公司忌惮美国"二级制裁"，往往主动取消与伊朗公司的交易。为规避美国制裁，伊朗只得依靠以货易货的贸易方式。美国退出伊核协议后，法国和德国等国为维持与伊朗的贸易，开发了贸易互换支持工具（INSTEX），以"记账"方式规避美元和美国金融系统，用于欧盟与伊朗之间药品、医疗器械和农产品等有限领域的贸易。

## 主权债务之殇

主权债务，也称政府债务、公共债务。一个国家的经济发展与一个公司类似，都需要资金的支撑。因此，一国用借债的方式来筹集发展资金、促进民生发展和应对危机等无可厚非，而且非常必要，但若主权债务超过偿还能力就会透支国家信用，引发主权债务危机，甚至导致"国家破产"，危及国家安全。

# 第七章

## 主权债务冲击波

现代意义上的主权债务最早出现在欧洲，起源于典型的国家安全事件——为战争融资。西欧历史上战争不断，大大小小的国王为给战争融资经常深陷债务泥潭。在万分紧急的情况下，除了借债，政府别无他法。因此，主权债务从登上历史舞台的那一刻起，就是以服务于国家对外战略或者对外战争为第一要务，其作为宏观经济管理工具的职能则是在此之后派生出来的，并非其初始目的。

时至今日，主权债务的政治安全属性非但没有淡化，反而更为突出。这是因为国家间的竞争在很大程度上体现为对国际资本的竞争，因为无论是发动战争还是发展经济，拥有充足的资金都是必要的前提。哪个国家能够大规模、低成本、可持续地吸引到资本，哪个国家就能获得竞争优势。正因如此，历史上的大国兴衰、霸权更替往往伴随着全球金融中心的转移。

金融的功能是对财富和资源进行跨时间和跨空间的配置，占据国际金融中心地位的国家可以从全球不同地区汲取资本来为本国服务。主权债务或者说国债交易曾经一度是国际金融市场最为主要的内容，今天的金融市场虽然产品非常丰富和多样化，证券种类繁多，但是国债仍然是各种金融交易活动的基础，对资本的定价发挥着基础性作用。

本质上，主权债务体现了一国的对外信用和融资能力，关乎长期稳定与繁荣，因此，各国都竭尽全力去维护自己的这一能力不受损害和侵蚀，主权债务也就不可避免地成为国家间权力博弈的杠杆和对象。这一博弈体现在两个方面：一方面要保证本国融资的自主性和便利性，通过发行主权债务，保证本国在全球资本市场融资途径的畅通和借款成本的低廉；另一方面要阻止"敌对国家"通过国际资本市场获得资金。所以主权债务安全天然与国家政治安全绑定在一起。当一国爆发主权债务危机时，国家安全和发展都会受到巨大的负面影响。而且，"主权债务之殇"往往迁延多年，对一国政治安全造成极大威胁。

第一，主权债务问题对国家稳定发展构成重大挑战。20世纪80年代，许多发展中国家爆发主权债务危机。如，1982年，墨西哥政府率先宣布无力偿还债务；1989年，巴西成为第一个宣布停止偿还利息的国家。进入20世纪90年代，主权债务危机并未缓解，反而进一步加剧。以1994年墨西哥爆发经济危机为起点，先后爆发了1997年东南亚金融危机、1998年俄罗斯经济危机、1999年巴西债务危机，而2002年的阿根廷主权债务危机几乎导致国家破产。20世纪80年代开始的主权债务危机使拉美和非洲大多数国家经历了"失去的三十年"。主权债务危机导致的经济衰退会进一步影响政治稳定，主权债务危机国社会往往持续动荡，政府治理能力下降，国家政治安全无法得到保障。

第二，主权债务风险对国家主权构成新挑战。独立和主权完整是国家最敏感的问题,反对武力和直接主权干涉是战后发展中国家普遍的共识。然而,在提防直接主权干涉的同时,国家的主权债务危机和发展危机却给域外大国重新介入乃至控制其国家事务提供了重要路径。通过主权债务问题来控制和影响发展中国家,成为一些国家和机构运用的重要方式。例如,在东南亚金融危机时,国际货币基金组织官员坦言:"对基金而言,债务危机简直是一个礼物,因为这为基金参与改善这些国家的经济结构和政策提供了机会。"国际金融机构和西方国家,利用建立在债务关系上的强势地位,重新成为发展中国家发展议程的主要塑造者。一个基本的事实是,无论是在非洲、拉美,还是东南亚,国际金融机构的债务应对方案完全超出了债务问题本身。例如,"重债穷国计划"倡议基本上是以发展中国家主权的系统性弱化为代价,欠发达国家的政策制定几乎完全以国际金融机构设定的标准为目标。由此,一国主权债务一旦出现问题,其话语权衰落,债权方对该国的涉主权干预便不断增加,进而导致该国政治安全受到威胁,无法独立自主。

第三,主权债务问题成为影响一国政权安全的重要议题和工具。对于国家而言,深陷主权债务泥潭意味着执政集团可支配资源的减少、公共部门工资和支出的缩减、普通民众税收负担的增加。这无疑将加剧社会的不满,从而带来政治的不稳定。这一现实使主权债务成为一国国内政治斗争的重要工具。一方面,主权债务是执政集团巩固政权、维护稳定的重要选择。执政集团往往会通过由外部债务支撑的政策和项目在国内"购买"权力和政治支持，这往往在一国大选前后表现得非常明显。对于处于政治不稳定状态的执政集团，外债则是重要的维稳资源。另一方面，主权债务问题也越来越成为在野党攻击执政党乃至赢得大选的重要议题和工具，即使在很多债务可控的国家，主权债务问题也会被反对党用来攻击政府。

**历史反复重演**

历史上，许多国家和地区都爆发过主权债务危机。其中拉美主权债务危机和欧洲主权债务危机是规模较大的两次。拉美主权债务危机始于1982年8月墨西哥政府宣布无力偿还主权外债，此后诸多拉美国家纷纷违约，如1982年阿根廷宣布暂停偿还外债、1984年玻利维亚和厄瓜多尔宣布暂停偿还外债、1987年巴西宣布暂停偿还外债利息，此后委内瑞拉、秘鲁、智利等相继出现外债违约。

过度举债发展经济是拉美爆发主权债务危机的主要原因。1973年第一次石油危机后美欧国家陷入"滞胀"，普遍采取了低利率政策，国际资本开始寻找其他高收益地区。拉美当时为推行进口替代的发展模式大力发展民族工业，对内政府支出占GDP的比重逐步提升，经常出现财政赤字，对外极力减少对最终产品的进口依赖，转向进口民族工业发展所必须的机器设备和中间产品，但低附加值的初级产品出口支撑不了高附加值产品的进口，贸易长期处于赤字状态。

在财政和贸易双赤字的背景下，拉美开始举借外债以求发展。大量国际资金的涌入一定程度上对拉美经济的发展提供了必要的资本，但也使其债务规模快速膨胀，拉美7国外债占GDP之比由1970年的27.8%增至1987年的76.4%。1979年第二次石油危机后，美欧为抑制通胀大幅提高利率水平，国际资本回流美欧，拉美还本付息负担加重，再叠加1980—1982年世界经济危机期间国际贸易保护主义盛行，使得依赖初级产品出口的拉美国家外汇收入锐减、偿债能力削弱，最终演变成债务危机。

拉美国家的主债务危机对拉美地区经济造成了近乎毁灭性的打击。整个80年代，拉美地区经济的年均增长率仅为1.1%左右，个别年份甚至负增长，通货膨胀却持续攀升，民众生活质量急剧下降，社会矛盾不断加深，这也成为社会动荡、犯罪频发和政府失效的根源之一。总之，拉美主权债务危机使国家政权稳定受到冲击，政治安全严重受损。

2009年10月，希腊政府预计2009年财政赤字和公共债务占GDP的比例将分别达到12.7%和113%，远超欧盟《稳定与增长公约》规定的3%和60%的上限。2009年12月，政府公布财政赤字为294亿欧元，占GDP比例为12.4%。全球三大评级机构惠誉、穆迪、标普相继下调希腊主权评级，拉开了欧洲主权债务危机的序幕。2010年国际评级机构将希腊主权信用评级调低至"垃圾级"，此后，又相继下调葡萄牙、西班牙、爱尔兰、意大利的主权评级，欧洲主权债务危机不断升级，最终多国依靠各类形式的救助才避免违约。

可以说，欧洲主权债务危机产生的巨大影响直到今天仍未完全消散，这也为后续希腊以及欧洲各主权债务危机国的国内经济低迷和政权频繁更迭埋下了伏笔。欧洲主权债务危机成为欧盟一体化进程中的重大挫折，希腊等国国家信誉受损，经济发展模式遭到质疑，国家治理出现困难，国家政治安全失去保障。

回顾主要的主权债务危机历史，虽然各国发生主权债务危机时的国情和所处的国际环境不同，但归纳来看仍有共性，即都是内外因素共同作用的结果。内部的脆弱性往往表现在经济发展战略及策略失当、公共福利支出过高、对外竞争力不足等方面，使得政府财政赤字和对外举债规模逐步增加，多数已超过合理水平；外部的冲击表现在国际环境变化时，这些国家产业结构失衡，难以抵御外部冲击，财政赤字进一步恶化，债务规模不断攀升，国际资金大量流出，货币贬值压力增大，国债收益率快速上涨，借新还旧难度和成本大幅上升，最终出现债务危机。因此，要想避免主权债务危机，首要还需加强内部经济结构改革，降低经济发展对举债的过度依赖，增强经济韧性和抗冲击能力。

第七章

近年来，新冠肺炎疫情的暴发拖累各国经济发展。为应对疫情的冲击，各国纷纷推出了较大力度的宽松货币政策和财政政策，债务问题严重性有增无减，主权债务危机渐渐从"黑天鹅"转变为"灰犀牛"，成为时刻都可能落下的"达摩克里斯之剑"。"主权债务之殇"或仍将不断重演，主权债务对政治安全的影响值得警惕。

## 反恐怖融资与反洗钱

"9·11"事件以来，国际社会加大了反恐力度，但是恐袭事件仍在世界各地持续发生，其中一个重要原因就是恐怖融资活动未能受到有效遏制和打击，恐怖组织仍能源源不断地获取资金。切断恐怖资金的筹集和转移渠道，对于限制恐怖组织的发展规模和破坏力，进而维护国家安全而言至关重要。反恐怖融资是打击恐怖主义的基础，也是从金融层面维护国家安全的重要手段。

### 恐怖资金链

联合国将恐怖融资定义为任何人以任何手段，直接或间接、非法和故意地提供或募集资金，其意图是将全部或部分资金用于恐怖主义活动，当有关资金还没有被实际用于实施恐怖活动时，

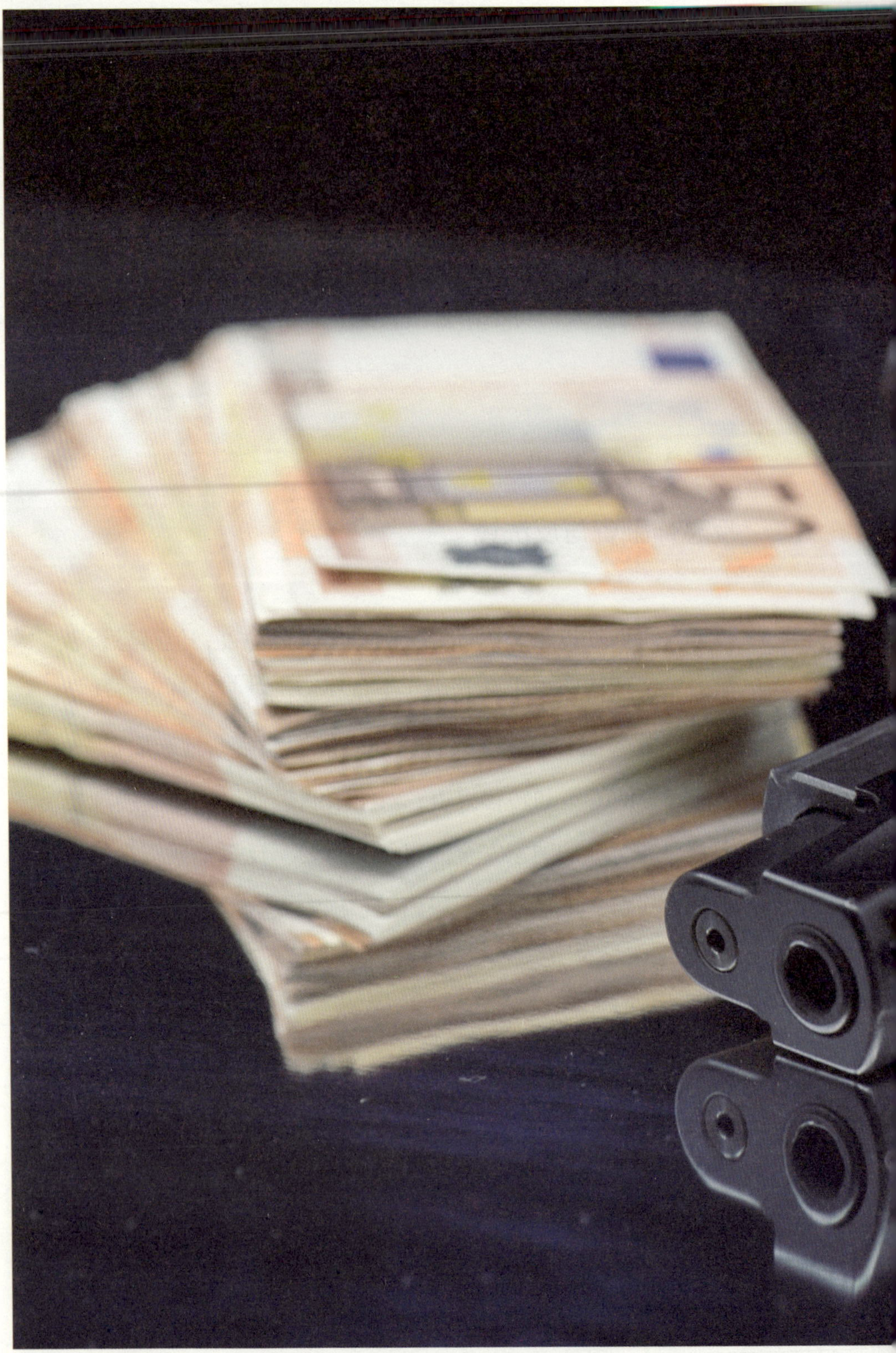

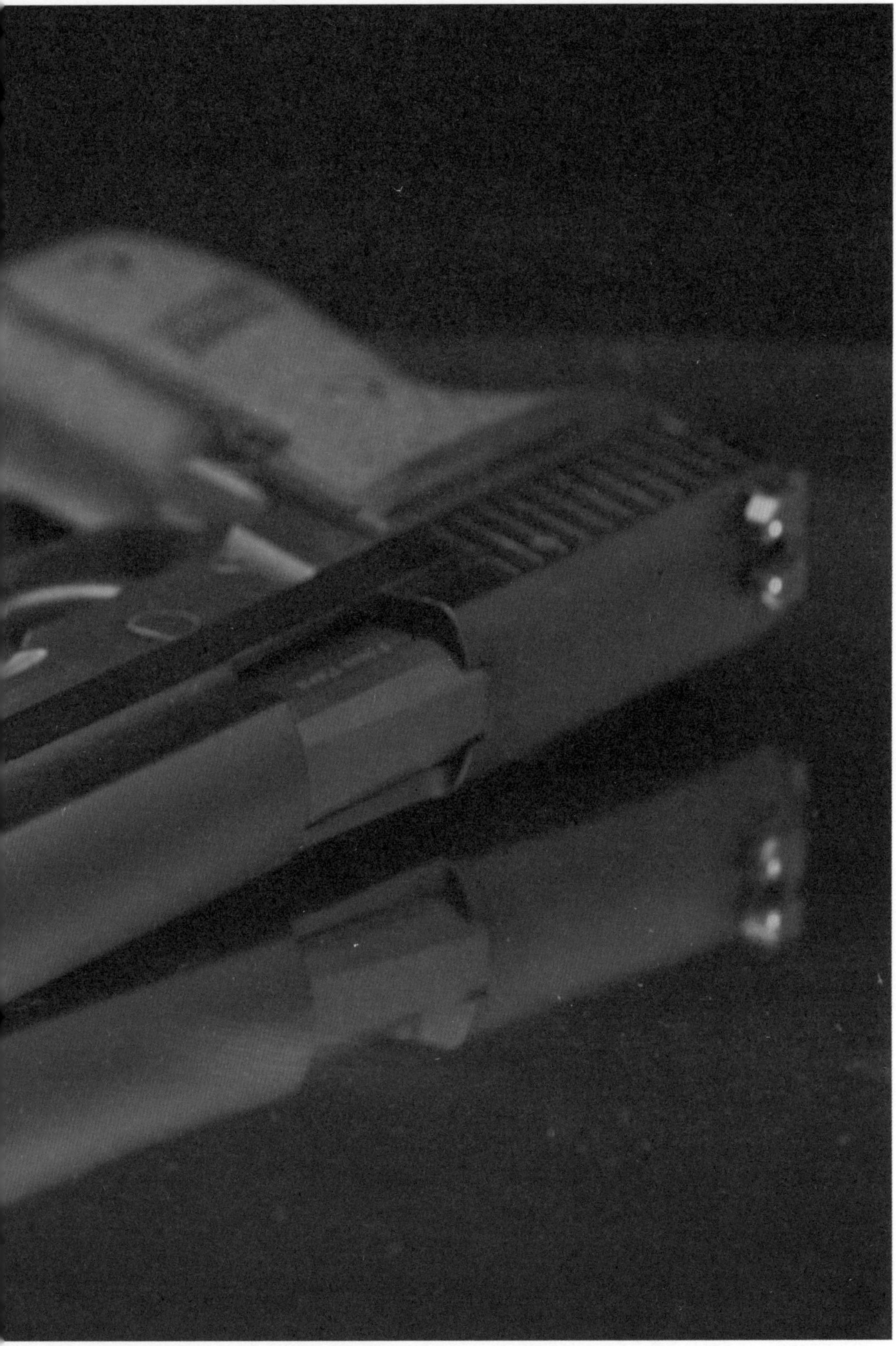

不影响其资助恐怖活动事实的成立和犯罪性。恐怖融资对国家安全危害巨大，包括动摇金融机构的信用和声誉，危害金融机构的稳健运行；扭曲资本市场正常的资金流动，给各国税收和外汇管理带来危害；为恐怖袭击提供物质保障，助长恐怖主义，直接威胁国家安全。

为打击恐怖融资，以联合国和金融行动特别工作组为代表的国际组织通过了一系列公约和决议，旨在采取各种手段对恐怖融资的来源、渠道及组织予以预防、发现和打击。联合国通过了《制止向恐怖主义提供资助的国际公约》，并通过决议督促各成员国共同打击恐怖融资。"9·11"事件后，金融行动特别工作组决定将工作目标由反洗钱扩大到预防和打击资助恐怖活动上，并先后发布了《反洗钱40项建议》《反恐怖融资8项特别建议》《反恐怖融资9项特别建议》《对资金转移机构防范恐怖融资建议》等一系列纲领性文件，为全球反恐怖融资提出了基本思路和原则要求，并制定了相关的操作指导。

### 被漂白的黑金

恐怖融资和洗钱之间的关系是天然而密切的，恐怖融资涵盖了洗钱活动，而洗钱则是恐怖融资的重要方式之一。恐怖融资是把通过各种途径和方式收集到的"合法的"与不合法的资金，通过一系列的存放与转移，最终用于资助恐怖主义。洗钱则是通过

# 第七章

各种掩盖和转移的方法，将不合法的收入"合法化"，是一种把"黑钱""洗白"的活动和过程。恐怖活动的实施不仅需要隐瞒、掩饰非法收益的性质和来源，而且还要掩盖、混淆有关资金的最终流向。缺乏有效反洗钱措施的国家和地区，往往是恐怖融资的主要来源地和中转地。洗钱在助长有组织犯罪的同时，也成为恐怖融资的重要来源之一。恐怖融资来源中有一定比例的非法收入，为了能将这部分收入纳入"合法"经济来源渠道，恐怖组织必须借助洗钱技术，"漂白"非法资金来源。

反洗钱与金融制裁不同，金融制裁是高度政治化的，通常体现了单方面霸权，不具有广泛认同的正义性，而反洗钱是为了打击腐败、走私、贩毒等各类犯罪行为，它的必要性和正当性是无可争议的，各国政府都在积极完善反洗钱系统。美国不但把反洗钱作为打击犯罪的工具，实际上也把反洗钱作为实施制裁的配套手段，用来打击被制裁对象。

"9·11"事件之后，美国国会紧急通过了《爱国者法案》，以空前力度打击涉及外国银行的洗钱行为。这部法案规定，美国政府可以随时传唤外国金融机构，索要与美国银行的代理银行账户交易信息。代理银行账户是指，外国金融机构如果想要为自己的客户处理美元业务，它就必须要在美国的银行建立往来账户，这样才能够接入美元交易系统，这个账户就叫作代理银行账户。只要外国金融机构有美国的代理银行账户，那么它就必须按要求向美国财政部提交涉及这个账户的详细客户信息。如果不从，轻则罚款，重则被直接切断代理银行账户，等于是被排除在美元交易体系之外，这对跨国金融机构来说无疑是致命打击。

除了可以直接传唤外国金融机构，《爱国者法案》的第311条还规定，美国政府可以不通过法庭程序，直接将国外的某个地区或某个金融机构认定为主要洗钱网点。主要洗钱网点会被严密监控资金流向，还可能会被切断代理银行账户。之后，美国政府进一步升级了制裁手段，凡是与伊朗、朝鲜、俄罗斯等特定被制裁对象做大量交易的外国实体，不管有没有洗钱嫌疑，也不需要犯罪证据，一律进行制裁，这就是所谓的"二级制裁"。

"伊斯兰国"曾是全球最为富有的恐怖组织，也经常利用洗钱把恐怖资金"漂白"，其洗钱规模极为庞大。美国在反恐怖筹资的实施中主要采取了以下行为：第一，把恐怖筹资行为规定为犯罪；第二，采取必要措施，没收恐怖活动经费；第三，强制金融机构及易被恐怖筹资利用的其他机构启动尽职调查义务，及时发现恐怖资金流，检查代理银行账户；第四，结合信息网络和新技术的发展趋势，防止恐怖组织利用加密数字货币洗钱；第五，加强国际合作。作为恐怖组织，"伊斯兰国"的主要收入来自石油、走私等活动。美国通过完善反洗钱、反恐怖融资的合作，让"伊斯兰国"没办法进入到美国的金融体系之中，以至于潜入全球的金融系统也变得异常困难，恐怖活动难以得到资金支持。

## 第七章

**恐怖融资新通道**

近年来，由于传统的筹资方式越来越不能满足恐怖组织的资金需求，恐怖组织开始寻找新兴的融资手段，例如使用数字货币进行网络恐怖融资。

从2014年起，恐怖组织就已经开始使用数字货币为其行动提供资金，其中包括"伊斯兰国"、"基地"组织、真主党等。恐怖组织利用比特币等数字货币在黑市进行毒品、武器等交易活动，进而筹集和转移资金。

有证据表明，2015年11月13日发生在法国巴黎的恐怖袭击事件，正是"伊斯兰国"利用比特币作为资金转移工具支持发动的。同样，2016年雅加达恐怖袭击事件的策划者巴伦·哈伊姆，也是使用比特币进行虚拟支付，从而向武装分子转移资金并资助恐怖活动。2017年，"想哭"（Wanna Cry）勒索病毒攻击了全球数千台计算机系统，并向受害者索取巨额比特币赎金。此次勒索事件对俄罗斯的影响较大，被称为"典型的网络恐怖主义事件"，威胁了经济社会的正常运行。

由于以比特币为代表的数字货币具有匿名性，"伊斯兰国"、"基地"组织、真主党等恐怖组织在筹集与转移资金时到底在多大程度上使用了数字货币，目前很难衡量。但是，以数字货币为渠道的网络恐怖融资手段，正越来越多地被恐怖组织所使用，这也为反恐怖融资和反洗钱工作带来越来越大的挑战。

# 参考文献

1. 许小年:《自由与市场经济》,上海三联书店2009年版。
2. 余永定:《从欧洲主权债危机到全球主权债危机》,《国际经济评论》2010年第6期。
3. 张曙光:《经济制裁研究》,人民出版社2010年版。
4. G.K.霍夫鲍尔等著,王涛译:《反思经济制裁》,上海人民出版社2011年版。
5. 王逸舟:《恐怖主义溯源》,社会科学文献出版社2002年版。
6. 张家栋:《全球化时代的恐怖主义及其治理》,上海三联书店2007年版。
7. 黄梅波、朱丹丹:《主权债务的国际规则研究》,厦门大学出版社2017年版。
8. 陈晓冬:《希腊主权债务危机:根源、影响和启示》,《国际经济观察》2013年。
9. 徐以升、马鑫:《金融制裁:美国新型全球不对称权力》,中国经济出版社2015年版。
10. 丁一凡、赵柯:《主权债务、融资能力与国家兴衰——应对全球债务格局之变》,《欧洲研究》2014年第1期。

# 第八章

## 金融打造"美好社会"

# 第八章

"你只活一次!""干掉卖空的""买入'游戏驿站'"……

2021新年伊始,美国最大社区网站Reddit的子论坛"华尔街赌场论坛"上的一句句热血激昂的口号,正牵引着美国股市上演史诗级的"散户逼空华尔街"的开年好戏。

故事的起因是,诸多"华尔街赌场论坛"用户此前跟投的美国实体游戏零售商"游戏驿站"(Game Stop)被多家机构重仓做空,股票空头净额比率(卖空股票数/流通股票数)一度高达140%。加之"游戏驿站"承载了一代人的童年记忆,以"华尔街赌场论坛"为大本营的散户的愤怒情绪一时间达到顶峰。在"带头大哥"(真名为Keith Gill)的号召和指挥下,散户大军奋起反抗,以近乎疯狂的姿态冲向股市,同做空机构展开殊死较量。美国证券交易委员会数据显示,"游戏驿站"

个人账户交易数量1月初每日增加1万，1月27日达到最高点约90万，意味着最多有90万散户参与了此次行动。

众人拾柴火焰高。没有太多战斗经验的散户一度取得了骄人的战绩。在1月8日至27日不到3周的时间内，"游戏驿站"股价飙升2700%，针对该股的空头则损失上百亿美元，不啻为华尔街上空刮起的一阵寒风。除"游戏驿站"外，散户大军还大幅买入AMC院线、高斯电子等股票，并亦取得硕果。

散户出人意料的抱团暴击让做空机构缴械投降、黯然离场。拥有"游戏驿站"最大空头仓位之一的对冲基金梅尔文被迫清仓该股票头寸，资产管理规模近乎腰斩。做空机构香橼公司先是宣布不再评论该股，后称将结束近二十年的做空研究，专注研究个人投资者的做多机会。

随着监管机构下场，2月初"游戏驿站"等股票回

# 第八章

落，这场大戏悄然落幕。尽管关于这场对战的本质到底是"散户的起义"还是"对冲基金间的自相残杀"众说纷纭，但是这场美国金融领域的"占领国会山"事件，无疑宣泄着散户对华尔街贪婪本性的怒火，彰显着普通民众对金融市场"双标"与不公的反抗，弥漫着嗜血的渴望、豪赌的兴奋、暴动的心态，更深刻地反映了金融对社会安全的影响。

金融与社会安全到底关系如何？在社会安全日益重要的今天，于万千故事中抽丝剥茧，或许可以一探金融与社会安全的真实关系，从而由内而外，助力创造"好的金融"，服务于"美好社会"，进而保障社会的安全。

第八章

## 从"占领华尔街"说起

**怒火吞噬华尔街**

由"散户逼空华尔街"的故事展开,金融引发的社会不安事件纷至沓来。2011年爆发的"占领华尔街"运动即是金融危机向社会领域传导,进而引发社会紧张局势的典型案例。

2011年9月17日,近千名示威者相约来到纽约华尔街附近的祖科蒂公园,打出"我们代表99%,不再忍受1%的贪婪与腐败""我们这一代人永远不可能退休,因为我们的退休金已经被华尔街及其金融操作偷走了""向富人征税"等口号或标语。他们来自工会、社会团体,还有大量的大学生和失业者,声称代表99%的美国人抗议引发2008年金融危机的罪魁祸首——华尔街金融巨头及代表其利益的美国政坛,并提出两大诉求:增加就业和制裁"1%的富豪"。

不到1个月的时间里,"占领华尔街"倡导的"占领"运动从纽约蔓延到华盛顿、波士顿、芝加哥、旧金山等美国城市,并引发西方世界共鸣,席卷德国、法国、英国、日本、澳大利亚等国家,抗议的目标也由金融寡头和社会不平等,上升到政治体制乃至资本主义制度。

　　全球联动的"占领"运动挤爆各大媒体头条，意大利罗马甚至出现街头暴力冲突，葡萄牙更爆发17万人的罕见大游行。一时间，阴沉的天空下，社会秩序在西方大城市似乎形同虚设，警民冲突、交通堵塞、公共场所关闭等乱象此起彼伏。同时，"占领经济""占领选举""占领文化""占领虚拟空间"等新形态的"占领"运动层出不穷，渗透到资本主义经济、政治、文化、社会等各个领域，社会反响愈加强烈。一些经济学家和社会学家甚至将其视为数十年来影响力最大的社会运动。

　　剖开社会紊乱的表象，2008年金融危机爆发后不断上升的

> 示威人群「占领」华尔街

## 第八章

贫富不均、金钱政治、阶层矛盾暴露眼前。2010 年，美国贫困人口达 4620 万人，贫困率为 15.1%，为 52 年来最高；全年失业率高达 9.6%，约为金融危机爆发前最低失业率的 2 倍；大学毕业生因公立大学费用上涨，平均负债 8 万美元；广大中产阶层遭遇养老金缩水、薪资下降、股票房产减值……金融危机的洪水已将处在政治经济塌陷地位的中下层民众淹没。然而，危机的肇事者华尔街却凭借处于财富之巅和权贵"座上宾"的高位，于 2007—2009 年累计从美联储获得 7.7 万亿美元救援款，乘上政府救市计划的"诺亚方舟"回血复活，继续享受着高薪和特权。就连"金融巨鳄"乔治·索罗斯也对"占领华尔街"运动示威者表示同情和支持，认为美国的金融体系毁了他们的前途，银行的自私行为助长了反体制运动，示威者"愤怒有理"。

诺贝尔经济学奖获得者约瑟夫·斯蒂格利茨现场声援"占领华尔街"运动时义正词严地指出，目前美国金融市场本应当承担的配置资本并管理风险的角色已经失灵，"因金融系统的过错造成的损失正由社会均摊，收益却进入私人腰包。这不是资本主义，不是市场经济，这是扭曲的经济。长此下去，美国将不能实现增长，不能建立公正的社会"。"经济危机时纳税人帮助银行摆脱困境，银行理应随后恢复贷款，然而他们恢复的却是自己的奖金！"

然而，你永远叫不醒一个装睡的人。一场浩浩荡荡的社会运动激发了民众的反抗意识，却没能直击华尔街巨头的心门。凭借着财富实力，倚靠着金钱政治，仰仗着有利于己的金融制度，金融资本家们呼风唤雨、开疆拓土，弱肉强食仍是金融市场的常态。

美联储统计显示，由于美国量化宽松政策导致的股票和资产价格高涨，截至2021年3月底，全美最富有的1%的人口资产总额为42万亿美元，占比达29%，相比2011年9月"占领华尔街"时期的25%进一步上升。一幕幕现实、一串串数据助推少数特权阶层与低收入人群间利益冲突更趋表面化，民众对政府更加不信任，社会情绪极易受到煽动走向极端，繁荣时期得以缓解的各类矛盾激化，寻衅滋事、暴力冲突事件不断，"散户逼空华尔街"便是例证。可以说，金融埋下的贫富不均、社会极化的隐患已然成为西方社会越发动荡不安的源头，成为威胁社会安全的定时炸弹。

### 金融济世

金融史学家通常会将金融追溯到公元前3600年左右西亚地区的美索不达米亚。大量的史料证明，这里诞生的人类最早的楔形文字，不是为了写诗，而是为了记录金融契约；由于金融经济发展对算术和计算的需求，催生了有关商业增长和利润的第一个数学模型；类似现代的金融工具和合同则成为古巴比伦法律体系

# 第八章

金融打造"美好社会"

的基础。著名金融史学家威廉·戈兹曼在其著作《千年金融史》中指出,"金融和城市文明在古代西亚地区的同时出现告诉我们一件重要的事情——更高层次的政治和社会发展需要更为复杂的经济组织和技术。金融基础设施使得许多城市社会的发展演进成为可能"。

在推进社会发展的过程中,金融也有力维护了社会安全。正如威廉·戈兹曼所言,"过去5000年人类和城市社会的显著扩张证明了一个事实,那就是金融极大地提升了人类减少生存风险和跨越时间配置资源以促进增长的能力"。不仅如此,金融诉讼推动雅典黄金时代的形成;货币的统一成为中国第一个大一统王朝秦朝治理社会的基础;资本的积聚召唤着大航海时代的来临,也为几次工业革命插上了翅膀……种种事实彰显着金融对于创造一个有管理的、富足的社会的重要贡献,而这正是保障社会安全的基础。

将时间的坐标拉回现代。更加成熟的现代金融就像电影《大话西游》里的"月光宝盒",可以实现资金的跨时间、跨空间配置。人们既可以通过贷款把未来的钱拿到现在花,也可以通过养老保险、养老基金在退休后享受年富力强时攒的钱。一些人和企业手里闲置的资金可以通过金融手段解决其他人和企业的燃眉之急,前者可以从中收取利息,使财富升值。寒门学子因为助学贷款,得以争取到改变命运的机会;老年人因为养老保险、医疗保

# 第八章

险,得以老有所依;城市居民因为住房贷款,得以"居者有其屋";人身保险、失业保险等,则为人们面对未来的不确定性提供了保障。身处科技创新潮头的初创企业、关乎国计民生的重要企业,也正是由于金融的存在,得以满怀抱负向前迈进,得以在处境艰难时继续践行保障国计民生、社会安全的责任。

金融连接各部门、各行业、各单位的生产经营,关乎每个社会成员和千家万户,也成为国家管理、监督和调控国民经济运行、实现社会安全与发展目标的重要杠杆和手段。20世纪50年代,日本的政策性贷款曾占到工业设备投资基金的1/3,助力战后崛起。20世纪70年代后半期,韩国的政策性贷款占其储蓄银行总贷款的近60%,力挺本国经济腾飞。新冠肺炎疫情肆虐,全世界的金融机器更是高速运转,为政府刺激计划的实施、民众的生存生活保障保驾护航。

国际性的开发援助机构则通过资金的全球配置,促进着世界范围内的社会安全。世界银行集团位于华盛顿特区的总部刻着该机构的座右铭——"致力于建立一个没有贫穷的世界",它与后来陆续在各大洲建立的区域性开发银行一起,多年来为发展中国家和战乱地区的经济建设和社会发展提供援助,为这些国家和地区的穷人吃饱穿暖、治疗疾病、接受教育、走出创伤发挥了不可磨灭的作用,进而维护了这些国家和地区的社会安全。

除此之外,金融还让身处不同地理坐标的陌生人跨越社会关系、抛却文化差异、摆脱宗教束缚、放下种族偏见，通过签订和执行金融契约形成一定的金融关系。以此为纽带，散落的个体和家庭相互连接并融入小到社区、大到全球的命运共同体，不再毫无关联、各行其是，而这是更具宏观意义的社会安全。

"月光宝盒"还是"潘多拉魔盒"？

有人认为金融的本性为恶，"永远用你的钱，为比你更有钱的人服务"，威胁社会安全；有人认为金融本性为善，"人性因为金融而丰满，金融因为人性而高尚"，护佑社会安全。双方各执一词，各有例证。所以，该如何评判金融与社会安全之间的真实关系呢？

以金融本性的善恶展开辩论或许难以得出结果，借助历史唯物主义的方法论看，金融只是一架机器、一种技术、一门科学，并无主观意愿。它究竟是增进大多数人福祉的"月光宝盒"，还是引发金融风险和社会问题的"潘多拉魔盒"，终究取决于驾驭它的人怀着什么目的，又使用着怎样的手段。

就拿2008年金融危机来说，各方对危机爆发的原因莫衷一是，但有一点毋庸置疑：金融体系的崩溃归根结底是由于其基本目标的根本性扭曲和背离。信贷市场最初为满足人们的需求而设立，借款人获得所需资金，贷款方获得合理的利息。然而，为追求绝对化的最大利润、获取不合情理的高额回报，金融资本家背弃契约、扭曲市场，甚至有预谋地通过精巧复杂的金融工程将贷款、债券等重新包装设计为形态复杂的衍生品，以隐藏或伪装其真正的风险等级和其他特征，最终导致风险积聚、一朝事发。

如今，庞大的政治献金和政策游说投入，不断扩展的"旋转门"让金融资本家的权势更为瞩目，不断进步的科学支撑着金融工程开发更加五花八门的产品，互联网的普及让更多披着亮丽外衣的"灰黑色金融"滋生蔓延……为金融纠偏正航其路漫漫。

诺贝尔经济学奖获得者罗伯特·席勒曾在《金融与美好社会》一书中就金融与社会的关系提出四问："金融在美好社会中扮演什么样的角色？作为一门科学、一种行业和一种经济创新的来源，金融如何帮助人们推动美好社会的目标？金融如何能够促进自由、繁荣、平等和经济安全？我们如何能使金融民主化，使它进一步造福全人类？"

重新梳理上文的线索，思考金融引发社会动荡的缘由和助力社会安全的方式，或许席勒所期盼的"美好社会"中的金融应具备以下特征：不应过于强调个人或部门目标，而忽略社会目标；不应过于追求短期利益，而忽略长期影响；从服务少数人，转向惠及大多数人；从看重一国的得失，转向心怀全人类的福祉。近年来快速发展的普惠金融和绿色金融，即折射着负责任的政府和金融从业者对"好的金融"的思考，放眼未来，也将成为金融保障社会安全的必由之路。

## 普惠金融的暖流

### "穷人的银行"

"贫困所造成的绝望、敌对和愤怒在任何社会中都不利于和平。"

2006年12月,时年66岁的"小额贷款之父""穷人的银行家"穆罕默德·尤努斯在与他创办的格莱珉银行(也称孟加拉乡村银行)共同获得诺贝尔和平奖时发表了如上感言。

1969年在美国获得经济学博士学位后,尤努斯回到孟加拉国吉大港大学任教。1976年,他在学校附近的乔布拉村进行调研时,发现那里的农妇由于无法获得贷款,不得不通过借高利贷的方式获得制作竹凳的本金,辛苦劳作却所赚无几。于是,尤努斯自己拿出27美元借给42个有同样境遇的农妇,并与她们约定不要利息,等商品卖出去后再归还本金。结果农妇们很守信用,都偿还了贷款。

这件事深深触动了尤努斯。"为什么不能给更多穷人提供这样小额的贷款?"怀着这样的想法,尤努斯逐步在当地开展小额贷款试点项目。在此基础上,1983年,孟加拉国政府批准建立格莱珉银行,世界上第一个以服务"穷人中的穷人"为目标的银行宣告诞生。

格莱珉银行的创建从"与传统银行做相反的事"开始。例如,传统银行大多在商业发达、富人集中的大城市经营,格莱珉银行

## 第八章

则专门在孟加拉国的村镇工作；传统银行认为"穷人不值得信任、无利可图"，且在孟加拉国主要服务于男性，格莱珉银行则将目标客户定位于贫困家庭的妇女群体，并用事实证明，穷人特别是贫穷妇女信誉良好，偿还贷款的利率可以高于大多数富裕的借款人；传统银行以抵押品为基础，需签署严格的法律协议，格莱珉银行则无需抵押，没有律师，信贷体系完全基于信用；传统银行不屑于做单笔几十美元的放贷业务，格莱珉银行则专注小额短期贷款，整贷零还；传统银行由富人拥有和管理，格莱珉银行借款人拥有银行75%的股份，12位董事中有9位是贫穷妇女……

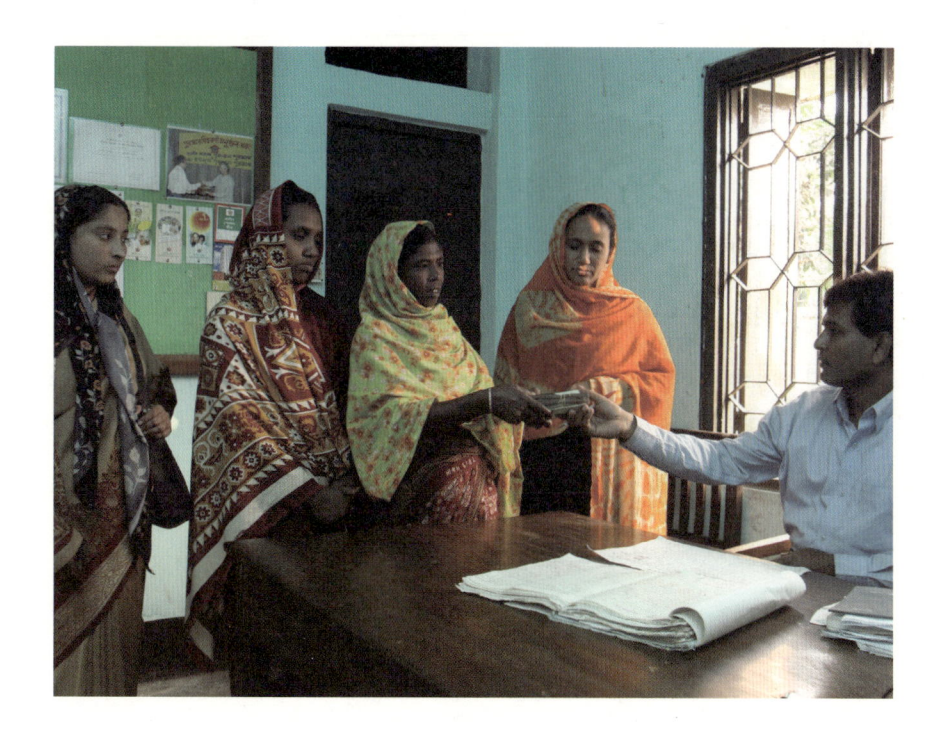

格莱珉银行的风险控制和客户能力建设也别具特色。它创新了自下而上的管理模式,让穷人尤其是贫穷妇女结成5人小组,执行小组会议和中心会议制度,检查项目落实和资金使用情况,办理放款、还款、存款手续,以精神和团队的力量引导借款人积极还款,同时交流致富信息,传播科技知识,提高借款人的经营和发展能力。它通过"十六条公约"这一行动纲领为借款人建立良好的价值观,从生活习惯、家庭素质的改善到理财意识、生活能力的提高,尝试着引导借款人解决贫穷这一社会主要问题。

创新的运营模式让格莱珉银行取得了巨大的成功,并被国际社会认为是小额信贷的灯塔、普惠金融的雏形。它不仅发展成为孟加拉国最大的银行之一,保持着98%以上的还贷率,还帮助数百万贫穷人口打破贫穷和剥削的枷锁、赢得社会的认可和尊重。孟加拉国国家统计局数据显示,孟加拉国绝对贫困率已从1972年的82%下降到2018年的11.3%,乡村生态也发生了翻天覆地的变化,格莱珉银行功不可没。格莱珉银行模式还逐步复制到美国、墨西哥、土耳其等40多个国家,惠及全球1600多万个低收入家庭,在世界范围被证实为一种具有可持续性并能有效消除贫困的模式。

有利社会安全的金融,无疑应该是相对公平的金融。格莱珉银行的成功之路正是金融摒弃"傲慢与偏见"、关注弱势群体、积极探索社会价值、为维持社会安全保驾护航的过程。瑞典皇家科学院诺贝尔和平奖评审委员会在对尤努斯和格莱珉银行的颁奖文告中指出，"要实现持久的和平，除非人们找到对抗贫困的办法，小额信贷就是这样一种办法"。格莱珉银行通过提高穷人对金融服务的可获得性，不仅让金融服务社会的优势更好地发挥出来，还通过让更多人摆脱贫困使威胁社会安全的不利因素有所消解。可以说，格莱珉银行为金融与社会安全的良好互动开辟了新道路。

**星火燎原**

小额贷款模式一炮打响，更多国家跃跃欲试，开始积极探索符合本国国情的小额贷款模式，如拉美的"国际行动"组织、印度的自我就业妇女协会银行等。20世纪90年代，微型金融机构纷纷涌现，在满足客户储蓄、支付、保险等多样化需求的同时，将覆盖的客户范围从贫困偏远地区扩大到城市较贫穷群体、中小微企业和创业群体，印度尼西亚人民银行村行系统、玻利维亚阳光银行等为更多原本难以获得金融服务的群体送去了希望。

国际组织敏锐捕捉，积极引导。联合国将2005年定为"国际小额信贷年"。这一年，"普惠金融"概念应运而生，联合国将其定义为"一个能有效、全面地为社会所有阶层（特别是贫穷的、低收入的群体）提供服务的金融体系"。2015年通过的联合国《2030年可持续发展议程》（简称《议程》）认为，普惠金融有助于解决发展问题，能提高金融服务的可获得性，有利于《议程》各个方面（人、地球、繁荣、和平与合作），并会对可持续发展目标产生重大影响。作为全球重要的经济治理平台，二十国集团（G20）2009年12月成立普惠金融专家组，2010年首尔峰会批准《G20普惠金融行动计划》，成立"普惠金融全球合作伙伴"。世界银行开展"普惠金融全球倡议"项目，并从2011年开始，每3年1次在全球范围内开展全球普惠金融调查，形成全球普惠金融数据库。2008年9月成立的"普惠金融联盟"则由发展中国家和新兴市场金融监管者和政策制定者组成，旨在推动各国制定普惠金融相关政策，提高对金融服务不足群体的金融可获得性。

在国际组织的大力推动下和民间自下而上的探索中，大力发展普惠金融已成为全球共识。越来越多的国家开始践行普惠金融理念，制定国家战略引导和支持普惠金融的发展，推进普惠金融基础设施建设，鼓励吸收和运用先进信息技术，注重金融消费者权益保护，构建普惠金融供给体系。

乘着这股东风，普惠金融的创新模式和创新产品如雨后春笋般出现。为了解决部分地区金融基础设施薄弱、开设物理网点营业成本高、居民出于法律等因素难以开立银行账户等问题，巴西创造性地采用了代理银行模式，将彩票投注站、药店、邮局、超市发展为银行代理机构；菲律宾中央银行创设了一种包括微型储蓄的微型金融产品，免除客户开立银行账户时面临的费用和要求；肯尼亚手机运营商 Safaricom 推出手机银行系统 M-Pesa，通过移动支付模式提高金融服务的普及率……

近年来中国的普惠金融也发展迅猛，基本构建了以小微企业、农民、城镇低收入人群、贫困人群和残疾人、老年人等特殊群体为重点服务对象，政府引导与市场主导相结合的普惠金融服务和保障体系，对全面建成小康社会发挥了重要作用。其中，政府积极制定战略规划，不断完善相关法律法规和监管框架，加强金融消费者权益保护；传统银行通过设立特色支行、代理机构、流动服务点和自助服务点等方式，不断拓展金融服务网络，延伸金融服务终端；传统金融机构和新兴金融科技公司借助数字技术，各自立足自身优势，加大产品创新，特别是手机银行以及互联网支付、信贷、理财、保险等多元化产品风生水起，突破了传统金融服务的时间和地域限制，提高了金融服务的可获得性和覆盖面，降低了金融服务的成本，也走在了世界的前列。国际上，中国积极交流普惠金融发展经验，为推进"G20 数字普惠金融高级原则"做出了突出贡献。

罗伯特·席勒曾指出，社会结构不平衡的状态（如贫富悬殊等），根源就是金融结构的不平衡。尤努斯也尝试将金融服务比作个人经济生活的氧气，指出氧气如若被慷慨地供应给最上层的人，便助推全世界财富高度集中在一部分人手中，而成千上万的人却因缺氧而挣扎在生存的边缘。随着贫富差距的扩大，不信任、怨恨和愤怒不可避免地加深，不仅将导致世界各国走向社会动荡，还将增加国家间武装冲突的可能性。普惠金融正施展着调节金融供给、保障社会安全的磅礴力量，而这种力量通过让更多人获得生存的氧气，或许可以取得传统扶贫方式难以企及的效果。

**眺望前路**

普惠金融起于滴水穿石之力，终汇成江河潮涌之势。但在发展过程中，普惠金融也走过不少弯路，遇到诸多难题。例如，将普惠金融等同于小额信贷，盲目追求小额信贷数量和规模的扩张，最终爆发大面积债务违约；不能客观科学地看待普惠金融的角色，政府越俎代庖、过度引导和激励，浪费了大量的社会成本，造成了金融市场扭曲；不注重商业可持续性，片面追求金融服务的覆盖面而完全不计成本，或者片面强调金融服务的可获得性而一味放松对风险的管控等。

值得注意的是，近年来不断迭代进步的数字技术成为加快推进普惠金融的重要动能，更多的新型金融机构通过电商平台、社交平台、供应链平台进入普惠金融领域。但由于监管、法律、政策、消费者保护未能跟上科技创新的脚步，普惠金融也成为一些金融资本竞相逐利的平台、一些新兴科技公司跨越监管灰色地带开垦金融的"沃土"，失去了普惠金融的初心，更为普惠金融市场平添风险，带来社会安全隐患。

为山九仞，岂一日之功。据世界银行估算，全球仍有近20亿成年人处于没有金融服务或缺乏金融服务的状态。解决金融服务的"最后一公里"，为一般人群和弱势群体提供全面、便捷、廉价且具有商业可持续性的金融产品和服务，同时加强相关机构和产品的引导与监管，助力建设"美好社会"，普惠金融仍重任在肩。

## 绿色金融的旋风

### 为生存而战

2016年10月27日晚，就在全美乃至全世界的目光聚焦2016年美国总统选举结果的时候，位于美国中北部地区北达科他州的一场抗议活动"突出重围"、挤进"头条"，引发国际社会的广泛关注。在这场耗时近6小时的行动中，数以百计的武装州警、当地警察以及国民警卫队官员向抗议人群发射非致命的豆袋弹和喷射辣椒喷雾，至少117人被捕，"此次政府与抗议者的对峙标志着这场由愤怒的抗议者们进行了几个月之久的抗议活动严重升级"。

从2016年4月开始，随着"达科他输油管道"（DAPL）开始修建，围绕该项目的抗议和冲突就从未停止，并一再扩大升级。该输油管道全长1770千米，总投资37亿美元，横跨4个州，可将北达科他州生产的页岩油输送到伊利诺伊州的南部。工程穿过北达科他州的路线正好经过立岩苏族保留地，这一印第安部落认为，工程将威胁到居民饮用水和历史遗迹，因此在工地外建立抗议营地，要求停工。抗议活动扩展到约200个印第安部落，并迅速得到美国国内外多个环保组织、人权组织，包括好莱坞当红明星在内的知名社会人士和广大民众的力挺。"NO DAPL"的标语在纽约、西雅图等美国各地街头抗议活动中高高飘起，在脸书、推特等社交媒体网民愤怒的发帖中居高不下，甚至还有抗议组织闯入输油管道集油站，暴力关闭管道阀门以示声援。

为项目提供融资的17家银行随之出现在人们的视野中。富国银行、花旗银行、美国银行等知名银行的分支机构前纷纷爆发抗议活动，呼吁其停止为DAPL融资的在线签名多达数十万个。西雅图、洛杉矶、费城迫于压力中止与相关银行合作，民众自发关闭个人账户，共导致超过50亿美元从DAPL融资银行撤出。

印第安人的担忧不无道理。此前十年间，美国发生了多起输油管道事故，超过3400万加仑石油泄漏，不仅造成人员伤亡和巨额经济损失，还对当地生态环境产生了无法衡量的伤害，进而威胁居民的生存条件并引发社会不安。然而，DAPL背后复杂的金钱与政治游戏却让这个故事没那么容易结束。经历奥巴马的"否决令"和特朗普的"复活令"后，DAPL项目的环境审查继续进行，街头和线上的各类抗议活动仍此起彼伏。不得不说，DAPL项目已成为威胁北达科他州、波及全美多地社会安全的一颗"毒瘤"。

放眼人类的工业文明发展史，曾经引发重大环境污染进而威胁所在地居民生存的项目案例不胜枚举，DAPL项目只是其中一例。抗议示威活动只是短期的社会动荡，对人类生存环境的破坏才是此类项目对社会安全的长远威胁和根本危害。人类终要与自然和谐共生，以求可持续的发展；金融也终要与社会和平相处，以践行社会责任，降低投资风险，谋求长远效益。

## 从"环境金融"到"绿色金融"

随着1972年首届"人类环境大会"的召开，环境问题开始走进主要发达国家的视野，紧接着，各国政府和金融机构开始探索如何"利用多样化的金融工具来保护环境"，环境金融、可持续金融逐渐兴起。1992年，联合国环境规划署发布"金融倡议"，希望金融机构能够把环境、社会和治理（ESG）因素纳入决策中。2006年，联合国支持成立的责任投资原则组织（UNPRI）发布负责任的投资原则，主张在投资中引入ESG因素。截至2021年8月，共有644家机构投资者、3150家资产管理者、459家服务提供商签署加入UNPRI负责任投资原则，支持将ESG因素纳入投资等相关决策。

20世纪90年代以来，气温升高、海平面上升、南北极冰盖融化以及各地频繁出现的极端天气引起了人们的广泛关注。2007年，联合国政府间气候变化专门委员会发布报告称，90%的全球变暖可能是因为人类生产、生活活动排放较多温室气体造成的。为了控制人类开发的强度并改变高耗能的生产生活方式，国际社会普遍意识到必须将金融手段介入人类活动中，在资金的"输出—运行"环节控制开发活动，达到客观上减少温室气体排放的目标，进而衍生出气候金融、碳金融等概念。

20世纪90年代，相对于高污染、高耗能、高排放、对环境和气候非友好的"棕色"经济活动及相应金融行为的"绿色金融"概念被提出。绿色金融既囊括了气候金融、碳金融，又侧重对可持续金融中的环保因素考量，近几年渐渐成为多边倡议、国家战略、金融机构规划的主流。2016年，G20首次将绿色金融列入核心议题，并成立了由中国人民银行和英格兰银行担任共同主席的G20绿色金融研究小组，定义绿色金融为"能够产生环境效益以支持可持续发展的投融资活动"，发展绿色金融的目标则是"将环境外部性内部化，并强化金融机构对环境风险的认知，以提升环境友好型的投资和抑制污染型的投资"。

春风拂来，春色满园。绿色金融以其高歌猛进的发展势头，已然形成了庞大的"家族"。在联合国环境规划署发布的《绿色金融产品与服务》报告中，列举了近年来市场上超过百项的相关产品和服务。大致分为三类：第一类是直接支持绿色产业的金融产品，包括涉及环保和节能减排的项目融资、绿色信贷、绿色债券、绿色基金、环保科技风险投资等；第二类是商业银行开发的与个人节约能源和保护环境相关的金融产品，如环保汽车贷款、绿色信用卡及节能项目融资的优惠利率贷款等；第三类是碳排放交易相关项目，包括碳排放中介、咨询、评估、投融资、信用担保、委托、交易等。

在此期间，联合国、世界银行等国际组织竭力推动，越来越多的国家制定绿色金融政策框架，将环境因素融入金融体系发展的核心，拥抱绿色金融大潮，这也引发了关于绿色金融标准与规则的新一轮大国博弈。而随着绿色金融的经济效益、社会效益日渐显现，作为行动主体的各类金融机构也从降低风险点的"被动应战"转向挖掘增长点的"积极参战"。例如，在国际非政府组织的压力和推动下，2003年国际金融公司联手十家大型银行制定"赤道原则"，将项目融资中的环境和社会标准数量化、明确化、具体化。随着2021年12月17日威海市商业银行的加入，本着自愿原则正式采纳"赤道原则"的金融机构已达126个，覆盖37个世界主要国家和地区，通过采纳"赤道原则"，妥善防范融资项目环境风险、履行环境和社会责任的典型案例正在不断涌现。

### 中国驶入"快车道"

相比发达国家，虽然中国绿色金融起步较晚，但顶层设计有力，市场主体活跃，已形成多层次的绿色金融市场和多元化的绿色金融产品体系，成为全球主要的绿色金融市场之一。2021年三季度末，本外币绿色信贷余额14.78万亿元，存量规模居世界第一；同比增长27.9%，高于各项贷款增速16.5个百分点。截至2021年二季度末，累计发行绿色债券约1.45万亿元，居世界第二。绿色保险产品体系已初步建立，在绿色金融市场中发挥越来越重要的作用。中国金融学会绿色金融专业委员会自2015年4月组建以来，成员机构所管理的金融资产已占全国金融机构总资产的70%以上。

习近平主席在2020年9月第七十五届联合国大会上郑重提出，"中国将提高国家自主贡献力度，二氧化碳排放力争于2030年前达到峰值，努力争取2060年前实现碳中和"。"双碳"目标助推中国绿色金融发展驶入"快车道"。例如，碳中和债券自2021年2月首发至10月末，已发行188只，发行规模达1786.4亿元。北京绿色金融与可持续发展研究院院长马骏表示，预计未来30年碳中和将带来180多万亿元的绿色金融投资。德意志银行预测，中国绿色金融市场规模或将在2060年增至100万亿元，发展空间巨大。

中国也积极为世界绿色金融发展贡献"中国方案"。除了利

第八章

用 2016 年担任 G20 主席国契机推动形成绿色金融全球共识，并持续牵头 G20 绿色金融研究外，中国参与发起央行与监管机构绿色金融网络、可持续金融国际平台等多边平台，推动全球机构间绿色金融合作和绿色金融标准国际趋同。中国还牵头起草《"一带一路"绿色投资原则》《"一带一路"项目绿色发展指南》，确保将环境友好、气候适应和社会包容等议题纳入"一带一路"新投资项目中，支持沿线国家绿色金融发展和绿色低碳转型。

"绿水青山就是金山银山。"在保护生态安全、促进可持续发展已成为全球共识的背景下，作为引导社会资本进行绿色投资的桥梁，绿色金融不仅是促进经济绿色转型、实现金融长足发展的源泉，也是增强社会抵御风险能力、维护社会长治久安的法宝，更将是金融发展的重要方向。

# 参 考 文 献

1. [美]罗伯特·席勒著，林丽冠译：《金融与美好社会》，远见天下文化出版股份有限公司2014年版。
2. [美]威廉·戈兹曼著，张亚光、熊金武译：《千年金融史》，中信出版社2017年版。
3. [孟加拉]穆罕默德·尤努斯著，陈文、陈少毅、郭长冬等译：《普惠金融改变世界》，机械工业出版社2018年版。
4. 贝多广、李焰主编：《数字普惠金融新时代》，中信出版社2017年版。
5. 陈岩编著：《金融与社会》，清华大学出版社2021年版。
6. 陈雨露、杨栋：《世界是部金融史》，北京出版社2011年版。
7. 焦瑾璞：《普惠金融导论》，中国金融出版社2019年版。
8. 马骏主编：《国际绿色金融发展与案例研究》，中国金融出版社2017年版。

# 第九章

## 币权与安全

# 第九章

货币是金融的核心，也是国家权力的象征和体现。从国家层面看，政权要保持稳定，必须牢牢控制货币权力，包括确定本国的货币体制、货币发行量、利率水平、汇率机制、外汇管制等。从国际层面看，随着全球化进程的发展，国与国之间的联系愈加紧密，货币衍生出的权力还存在于国家之间，成为一国对他国施加影响的重要手段。回顾历史，我们可以发现，一个国家强大后，往往都追求让本国货币成为主要国际货币，进而主导整个国际金融体系，并将自己掌握的货币金融权力作为实现国家安全目标的工具。

英国作为"日不落帝国"和世界上第一个金融霸权国家，成功地利用金融手段为战争融资，也借助英镑和国际金本位制扩展自己的海外贸易。时至今日，发达的金融市场仍是英国处理对外关系的重要手段。二战后的美国，则凭借美元的"嚣张霸权"，不仅可以"肆无忌惮"地在全世界征收铸币税，利用金融手段实现自己的政治、军事目标，还可以打压自己的战略竞争对手。世界上第一个单一货币区——欧元区，则巧妙地将自身发达的经济作为"软实力"，以成员国资格为"诱饵"，推动周边国家进行经济和政治体制改革，实现其冷战后稳定周边的战略目标。欧元作为世界第二大货币，还是欧洲抵御美元霸权欺凌、维系自身战略利益的重要工具。

纵观世界风云，货币金融在维系自身安全、实现对外战略目标方面扮演着至关重要的角色，这让中国在新时代继续推进人民币国际化更具战略意义，有利于回避对外经济活动的风险，减少被人"卡脖子"的可能性，降低国家安全风险。人民币国际化需要坚实的经济基础，相比于中国快速增长的经济和贸易，中国的金融可以说是"短板"，需要继续补强，既要发展国内高效、稳定的金融大市场，丰富金融工具，还要提高在国际金融机构中的话语权。

第九章

## 第一个金融霸权

英国看似一个"没落贵族",但回顾历史,又怎能忽视其曾经的"辉煌"。故事还要从大英帝国的崛起说起。17世纪中叶到19世纪末,伴随着"光荣革命"带来的政治体制的巨大变化和工业革命刺激下快速发展的国家经济,英国从一个岛国成长为世界霸主,将"整个世界第一次联系起来"。在这一过程中,英国的金融体系也逐步发展、完善和成熟。在当时的历史条件下,英国在金融领域的探索和发展可以说是革命性的,后人称之为"金融革命"。

**战争金融**

英国崛起的年代,正是殖民时期,资本主义列强持续发生战争。那个年代,打仗是扩展国家利益的重要手段,战胜方可以获得赔款,可以通过占领海外市场兜售国内产品,甚至还可以掳掠劳动力。但打仗需要钱,对于当时欧洲各国的君主而言,依靠自有的资金和税收打仗是远远不够的,都是要靠从贵族、商人那里借钱。但实际情况是,君主们往往借了钱不还,或者打了败仗没有能力还，因而名声和信用都不太好，这让持续借钱变得困难，英国也面临这样的处境。

1689年英国和法国之间开始了"九年战争"，当时的法国在经济规模、领土、人口方面占据全面优势，英国处于被动，战争经费不足。这样的局面下，1694年，在伦敦金融城1200多位商人的推动下，成立了英格兰银行。这是一家股份制的金融机构，在成立后的短短两个星期就筹集到120万英镑资金，很快被用于国家的战争开支。凭借强大的资金实力，英国也在随后的战争中不断取得胜利，战场上的胜利又带来可观的经济收益，让这样的融资模式得以持续，英国也走上称霸世界之路。

英格兰银行能成功为战争募集资金，得益于其机制模式的创新。第一，"光荣革命"后英国政局稳定，没有出现国家王权频繁更换的状况。第二，英格兰银行的客户是"王室+政府"，这就相当于有了双重保障，赖账风险小得多。第三，英格兰银行有较为严格和系统的规章制度，国家用钱也要遵守相关规定，不能随意滥用。第四，英国在战场上的胜利可以给商人们提供更多的殖民和贸易机会，因而他们也愿意与政府结盟。所以，英国海外利益的扩展，乃至全球霸权的形成，都离不开国内的"战争金融"。

第九章

**英镑霸权**

对于大英帝国而言，战争更像是工具，通商和获取财富才是最终目的，因而金融势必要服务于英国的对外经济活动。既然是经济活动，就少不了一样东西——钱（货币），即交易媒介，或称为一般等价物。总之，就是衡量商品价值的东西，这是任何经济活动都离不开的。国家内部的经济交易可以用本国货币进行，但跨国的经济活动使用哪种货币呢？这里面大有文章。一般而言，如果你是英国人，就会愿意用英镑交易，如果你是法国人，就愿意用法郎做买卖。为什么呢？因为使用本国货币没有汇率风险。假想一个英国人，卖东西收回来的货款是法郎，在本国无法直接使用，需要把它换成英镑，可是当他去兑换时可能发现：汇率和卖东西的时候不一样了，法郎贬值了，做生意赚的钱可能还不够外汇市场的损失，得不偿失。

那么，问题来了，大家都想用自己的货币，交易如何进行呢？这时就需要一个通用的国际货币，也叫"硬通货"。黄金作为天然货币，曾经扮演着"硬通货"的角色，但由于产量受限和交易不便，使用受到制约。如果能有一个国家的主权货币来充当"硬通货"，就会方便得多。如上文所述，哪个国家的货币来充当这个"硬通货"，对本国商人来说都是福音。英国就通过一系列努力做到了这一点。

英国人打造了自己的金本位制。所谓金本位制，就是本国的货币规定既定的黄金含量，并且可以自由兑换黄金。法律上讲，拿着货币和拿着对等的黄金是一样的，由于黄金的贵金属属性，货币币值也就稳定。1816年，英国议会通过《铸币法》，以法律的形式规定了英国货币的黄金含量，英国的金本位制正式形成。1870年以后，英国还凭借其影响力，把金本位制推销到国际舞台，形成国际金本位制。这样，英镑凭借稳定的国内金本位制，当仁不让地成为世界上第一个主导性的国际货币。统计数据显示，到1913年末，英镑占全球外汇储备的40%。

让英镑成为主导国际货币也成功地帮助了英国的对外经济活动。在贸易方面，统计数据显示，1876—1885年，英国出口额占全世界的38%，是名副其实的"世界工厂"。在投资方面，到一次大战前夕，英国大约占所有国家对外投资总额的40%，是最大的资本输出国，源源不断地从全世界各地获取财富。

### 日落西山

金融帮助英国赢得了一系列战争，但战争毕竟是在摧毁而不是在创造财富，因而这样的模式也无法永远持续。在第一次世界大战后，英国失去了盘踞200余年的海上霸主地位，极大地动摇了英国的殖民体系，还债也成了难题，只好大量增发纸币，英国的金本位制告一段落。而在第二次世界大战即将结束、世界格局面临转换之时，1944年在设计国际货币体系的布雷顿森林会议

## 第九章

上，与美国"怀特计划"相抗衡的，正是英国人提出的"凯恩斯计划"，但无奈由于国力衰落而以失败告终。但英国并未放弃维系自己金融影响力的努力。

在1956年的苏伊士运河危机中，英国和美国再一次在金融领域进行了较量。当年10月，英国和法国已经完成军事部署，准备收回被埃及政府收归国有的苏伊士运河，大战一触即发。但美国不愿看到英、法在石油富裕的中东地区扩张影响力，便在金融市场上抛售英镑，导致英国的外汇储备急剧缩水，几近枯竭。英国迫于金融市场的压力，不得不宣布撤军，再一次在金融领域完败给美国。由此可见，美国通过运用自己的金融实力，巧妙地实现了海外军事目标，效果比动用军队还好。

之后，屡战屡败的英国意识到自己在金融领域已经和美国不是一个重量级，也较少有直接抗衡美国的举动，但建设自己金融大市场的雄心从未放弃。时至今日，伦敦仍是全球最重要的金融中心之一。如果说"日不落帝国"已经日落，那金融则是帝国夕阳的余晖，仍然映在天空，叙述着昔日的辉煌，同时也尽可能地庇护帝国今日的利益。

如今，英国金融城发达的金融服务和网络，仍然为本国企业的国际业务提供着便利，同时也吸引着国际资金流入，是很多大型企业的总部所在地。金融某种程度上也是衰落后帝国外交的一张名片，是英国处理与其他国家关系的工具之一。对于国外的敌对政治力量，可以冻结他们在英国的资产，停止本国金融机构与其业务往来，伊朗、俄罗斯都曾是其制裁对象；对于友好或者想发展关系的国家，帮助他们利用英国金融市场的便利发行债券、开设金融机构等。2015年，英国成为第一个宣布支持亚洲基础设施投资银行的主要西方国家，在全球引发关注，也成为卡梅伦政府务实发展对华关系的一个重要举措，这与伦敦金融市场的全球影响力有密切关系。

## 嚣张的美元

英国之后，在国际舞台上粉墨登场的是美国和美元，随后美元变为世界历史上最强的货币霸权。

### 霸权屹立不倒

第二次世界大战彻底颠覆了国际格局，欧洲不再是权力的中心，美国的崛起成为新的现实。当时的美国风头正劲，其GDP占世界的40%，贸易占世界的1/3，黄金储备占世界70%。这样一个独领风骚的国家，自然按捺不住寂寞，要对战后的世界有所规划，当然包括金融领域。

1944年7月，在二战还没有结束的时候，美国人用自己的

## 第九章

"怀特计划"打败了英国的"凯恩斯计划",最终达成《布雷顿森林协定》,形成了战后的国际货币体系,也就是布雷顿森林体系。

这一体系的核心是确立了美元的国际主导货币地位。具体而言,这一体系有两个核心要点,可以概括为两个"挂钩":一是美元和黄金挂钩,美元规定含金量,也就是1盎司黄金对应35美元,可以自由兑换;二是其他货币和美元挂钩,实行可调整的浮动汇率制。在这一体系下,美元等同于黄金,再加上美国的超强国力带来的信任感,大家自然在国际交易上倾向使用美元,也就储备美元。

但美国的超强国力却不是一成不变的。20世纪60年代后,美国由于越南战争导致公共财政持续恶化、人们崇尚超前消费加剧巨额贸易赤字等因素,美元作为国际主导货币的信用受到质疑,陷入了"特里芬困境"。这一理论认为,美元要充当国际支付的中介,贸易上就要有逆差,才能对外输出美元;而持续的贸易赤字将导致美元贬值,无法维系与黄金的比价。两者左右为难,因而理论上是无解的。

美国解决这一难题的办法是,1971年8月15日时任总统尼克松宣布"新经济政策",主要内容包括:停止履行美元兑换黄金的义务;对进口商品征收10%的进口附加税;国内冻结90天内的物价、工资、房租,以抑制通胀。这无疑动摇了布雷顿森林体系的根基,虽然此后美国积极展开外交斡旋,力图维系美元和其他货币汇率的稳定，但还是在1973年后走向了浮动汇率制，1976年后正式形成了牙买加体系，其核心内容是黄金非货币化，浮动汇率合法化，各国可自由选择汇率制度。

布雷顿森林体系解体以来，国际货币体系发生了剧烈变化，但让人意想不到的是，美元在经历剧烈波动和信心危机后，其霸权地位依然屹立不倒。一个重要原因是，20世纪70年代后，美国通过外交斡旋，让沙特等石油出口国做出了重要决定，将美元作为唯一的结算货币。也就是说，其他国家要向沙特买石油，必须得支付美元。鉴于石油在世界中的重要性和庞大交易量，其他国家也就不得不大量储备美元，这让美元在经历危机后"有惊无险"地保住了自己的霸权地位。而且，摆脱黄金"枷锁"的美元，在货币政策方面更加自由，更加以国内目标作为优先，更加将货币和金融作为服务其全球利益的手段。

**全球"薅羊毛"**

美元在现实世界中就是一张纸，在美国也叫"绿背"（Greenback），因为美元是绿色的。美联储印一张100面值的"绿背"，成本大概只有十几美分，但对于外国人来说，要得到这样一张钞票，必须拿出实实在在的等值商品才行。也就是说，美联储只要开动印钞机，就可以源源不断地从国外换取财富。这种通过发行货币而占有的实际财富叫作"铸币税"。

# 第九章

在美元霸权的初期，由于美元还可兑换黄金，持有美元的国家似乎感觉持有美元就是持有黄金。但实际上，由于交易的需要，大部分国家都没有去兑换黄金，因为持有现钞更方便。所以，美国在国外用美元现钞换回的实际财富持久地留在了美国，而且随着美元发行量的增加，就意味着美国占有的其他国家的财富越来越多。

20 世纪 70 年代布雷顿森林体系解体以后，美国干脆从法律上摆脱了美元兑换黄金的义务，这让美国对外发行美元的动力变得更强了，因为只要开动印钞机，全世界的财富就可以源源不断地流向美国。

美国可以说是把自己的金融霸权利用到了极致。2008 年国际金融危机后，美国为了"救市"，挽救美国经济，开始使用一种新的货币政策，称之为"量化宽松"。这是种超常规的宽松货币政策，是在传统政策基础上的一个"创新"。一般而言，一个国家的中央银行通过利率变化来调节经济，比如经济过热就加息，经济低迷就降息。但 2008 年金融危机后，美国发现经济和金融形势实在太糟糕了，即便降息到零，刺激经济的效果也不明显。于是他们采取了一个新办法，即通过央行印钞购买债券，直接把"流动性"释放到金融体系中，而所谓"量化"就是购买债券的量。物以稀为贵，流通中的钱变多了，购买力自然就下降了，俗话说"钱不值钱了"，这就是国际社会美元持有者面临的尴尬困境。有人这样形象地形容：美国发钞票犹如在全世界"薅羊毛"。而且，这种做法还有一定的隐蔽性，不同于殖民主义时期资本主义国家通过武力和贸易方式占有殖民地的财富，现在的美国只需开动印钞机，财富就滚滚而来，既简单又方便，看起来还很"文明"。

### 开拓海外市场

作为资本主义国家，如果美国的产品卖不出去，国内经济形势就不好，资本家赚不到钱，老百姓难找工作，政治家可能也会因此下台。因此，开拓国际市场是美国的重大国家利益，强大的金融帮助美国创造了条件，其方式多种多样。

一个办法是通过金融手段直接创造需求。二战后美国出台的"马歇尔计划"是经典案例。这一计划的官方名称叫"欧洲复兴计划"，是第二次世界大战结束后，美国对被战争破坏的西欧各国进行经济援助、协助重建的计划，这一计划于1947年7月正式启动，整整持续了4个财政年度之久。在这段时期内，西欧各国通过参加欧洲经济合作与发展组织，总共接受了131.5亿美元的美国援助，若考虑通货膨胀因素，那么这笔援助相当于2006年的1300亿美元，其中90%是赠予，10%为贷款。

"马歇尔计划"效果如何，谈论的重点往往放在被援助的欧洲身上。经常被忽视的是，美国虽然是援助方，但在经济上也是实际受益者。一是欧洲接受的巨额贷款,实际使用过程中大多数都用于购买美国的商品,带动了美国的出口,钱又回到美国口袋。二是欧洲经济复苏后,可以持续地成为美国商品的出口市场,帮助美国缓解二战后生产能力过剩的问题。三是欧洲使用美元援助,在国际交易中容易形成对美元的依赖,有利于巩固美元的国际地位。

值得一提的是,"马歇尔计划"实现的不仅是美国海外经济利益,更有政治和安全利益。通过"马歇尔计划",美国帮助欧洲盟友稳定了自己的经济,抑制了所谓"共产主义在欧洲的扩张",这非常符合美国的全球战略,帮助美国在冷战中稳固自己的西方阵营。从以上可以看出"马歇尔计划"的高明之处,看似"慷慨"地提供援助,实际上受益的是自己,而且同时实现多个目的,可谓"一石多鸟"。

另外一个办法是通过金融手段打开其他"封闭市场"的门户。二战后的美国工业企业竞争力强,但不论是贸易还是投资,要想从其他国家赚钱,首先得进入他们市场,可并非所有经济体都对外开放,有些市场是封闭的,于是美国就从金融领域想办法。一些发展中国家外汇短缺,不时需要外部援助,而一些国际援助往往都带有条件,比如"经济自由化"和"对外开放市场"。2004年,美国作家约翰·珀金斯出版了一本广受关注的畅销书《一个经济杀手的自白》,作者以其在咨询公司的工作经历,以半自传的方法介绍了自己当时的工作，也就是说服发展中国家接受外国的金援贷款，用于投资大型营造和工程项目，并确保合同落入美国的承包商手中。

**打压竞争对手**

二战后，美国一直是超级大国，但不能说没有竞争对手，金融成为美国压制对手的得力工具，进而实现自己的全球战略目标。

在资本主义世界，美国经济上的挑战首先来自于日本，1985年签署的《广场协议》在美国压制日本经济方面发挥的作用，至今为人们所津津乐道。20世纪80年代以后，美国的财政赤字和贸易逆差剧增，希望能通过美元贬值来提升竞争力。而当时的日本在世界经济舞台上咄咄逼人，意图取代美国成为世界上最大的债权国，日本的资本疯狂地在全球扩张，日本制造的产品充斥全球，令美国人惊呼"日本将和平占领美国"。在这样的背景下，1985年9月22日，美国、日本、联邦德国、法国以及英国的财政部长和中央银行行长在纽约广场饭店举行会议，达成五国政府联合干预外汇市场的协议，诱导美元兑主要货币的汇率有秩序地贬值。

在这之后不到3年的时间里，美元兑日元贬值了50%，也就是说，日元兑美元升值了1倍。持续升值的日元削弱了日本出口的竞争力，强烈的升值预期也导致巨额资本的流入流出和经济泡沫的破裂，随后日本经济陷入了持续低迷。虽然《广场协议》

## 第九章

只是日本经济衰败的原因之一，但它是个非常重要的时间节点，是日本经济由盛到衰的转折点，也体现出美国金融手段的威力。

2008年华尔街金融危机后欧洲发生的欧债危机，也有美国的因素。欧债危机的形成原因是多重的，部分成员国财政赤字过大、债务累计过多是内因，但从外部看，如果没有来自大西洋彼岸的煽风点火，那场危机可能未必来得这样突然和猛烈。欧元诞生后十年的时间里都平稳运行，但就是在华尔街金融危机后出了问题，很难说和美国没有关系。在那场危机中，来自美国的金融机构在市场上疯狂做空欧元，评级机构也频繁下调欧洲债务国信用评级，媒体舆论更是一边倒地唱衰欧洲。虽然说这些是市场行为，但这些机构都和美国政府有着千丝万缕的联系，有些"内幕行为"也被媒体披露，比如一些金融巨头合谋做空欧元的情况美国政府是知情的，但最后都不了了之。从美国的角度看，资本猎杀欧元逐利，政府实现了转嫁风险、维系货币霸权的目的，不是合作共赢的默契吗？最后，欧洲这场危机也是随着美国从金融危机中恢复而逐步好转的，两者的关系并非偶然。

### 欧元，欧元？

下面来谈一谈欧元和欧洲的金融。在英国"脱欧"以后，"欧

洲"的概念更加清晰一些。下文所指的欧洲，主要指欧洲大陆，或者说是欧元区。

### 现代金融发源地

16世纪下半叶开始，荷兰凭借优越的地理位置和强大的海上优势，以及经济开放自由，成为欧洲的贸易中心、航运中心、财富中心，也发展成为第一个金融中心，可以说是现代金融的发源地。1602年，荷兰东印度公司成立，这是世界上第一家股份制公司。1609年，阿姆斯特丹银行成立，这是世界上第一家现代意义的银行。1613年，阿姆斯特丹证券交易所成立，这是人类历史上第一家证券交易所。当时，欧洲很多国家都曾经在阿姆斯特丹发债融资，美国独立战争也曾从荷兰的金融机构筹款，期权、期货、指数交易、卖空等金融术语，也都是在阿姆斯特丹出现的。金融中心让荷兰人赚了不少钱，但也许是因为当时的世界经济尚未形成体系，也许是因为荷兰人过于迷恋金钱而疏于战略考虑，也许是因为荷兰在海上争霸中输给了英国，国际金融中心的地位终还是让位给英国，但毕竟拥有深厚底蕴，至今阿姆斯特丹也仍然是欧洲大陆的金融中心之一。

除了荷兰，其他欧洲大国在金融领域也都有所作为。1865—1927年，法国拉拢比利时、意大利等一些国家，成立过拉丁货币联盟，法郎在非洲也有着强大的影响力。二战后，德国马克凭借稳定的币值，被誉为世界上最坚挺的货币。1999年，欧洲共同货币欧元的诞生，让欧洲的金融实力和影响力得到了实质性的提升。此前，人类历史上从未有过多个主权国家使用共同货币的先例。美国在建国时，各个州使用的货币还不相同。欧洲在未实现政治统一的情况下，首先统一了货币，可谓开人类历史之先河，也震惊了世界。之前，很多人都认为，多国使用共同货币不过是"乌托邦"，但在欧洲却成为现实。

经济规模上看，欧洲经济与货币联盟和美国相当，欧元诞生后，立即成为第二大国际货币。而且，欧元区国家在世界银行、国际货币基金组织国家所占的份额和表决权加起来比美国还要多，这都让欧洲的金融影响力不容小觑。欧元在诞生后还经历了债务危机的考验，虽然一度风声鹤唳，但经过艰苦努力，得以转危为安，还在机制建设上取得了一定进展，这让人对欧元和欧洲金融的发展抱有期待。

**巧用"软实力"**

与美国的霸权做法相比，欧洲利用金融服务于自己的安全与战略目标，更多的是施展自己的"软实力"，"润物细无声"式的施加国际影响。

欧洲所谓的"软实力"，实际上是一种规范性力量，通过把自己做的"好"，形成一种有影响力的"规范"，进而让其他国家效仿，施加自己的影响力，与动辄使用武力等"硬实力"相区别。具体而言，欧元区"软实力"最大的吸引力就是其成员国资格。众所周知，欧元区国家都是西欧的富裕国家，持续多年的经济繁荣让东部的欧洲国家向往，也期待能够有一天加入其中"共享繁华"。这样，欧元区对这些国家施加影响力就有了抓手，可以对这些国家提出条件，包括所谓政治上的"民主化"、经济上的"自由化"等，还有一些具体的经济指标，比如通胀率、汇率、财政、债务等。

欧元区1999年成立时只有德国、法国、意大利、荷兰等11

个国家，之后经过多轮扩大，希腊、斯洛文尼亚、斯洛伐克等国陆续加入，目前已经有 19 个成员。2009 年希腊爆发的债务危机显示出小国成为欧元区成员的好处。在那场危机中，虽然希腊可以说是"历经磨难"，不得已进行了财政紧缩，但毕竟最后还是得到了欧元区的支持，从危机中挺了过来。相比之下，孤悬于欧元区之外的冰岛，却在债务危机中遭遇"国家破产"，出现了"全民赖账"的尴尬局面。

当然，扩员进程中，欧元区自己是受益者，新成员加入意味着该国经济对欧元的深度开放，同时这些国家，尤其是原苏联阵营国家，所进行的经济和政治体制改革也是西欧所乐见的，他们认为这样更有利于欧洲的周边稳定，一个稳定的周边环境对欧洲来说也是至关重要的战略利益。

有经济学家进行过理论上的分析，认为一个国家，一般指小国，如果使用他国货币，那么在外交、安全等其他问题上，立场会不知不觉向货币发行国靠拢，支持货币发行国的立场，因为大家都希望这种货币保持稳定和安全，这也正是欧元区"软实力"所期待的。

## 不甘臣服

欧元和美元的竞争关系尽人皆知，美国也不时出手敲打欧元。而对于美元霸权，虽然欧洲非常不满，不时也发些"牢骚"，但在实际政策方面，主要是选择忍耐，也出现了忍无可忍的势头。

作为欧元区货币政策的制定者，欧洲央行似乎对于国际事务从未表现出浓厚的兴趣，一心一意执着地聚焦于内部的通胀问题。欧洲央行每年出版一本《欧元国际化》报告，每次对于欧元国际化的态度都是"中性"的，认为欧洲中央银行体系既不会促进也不会阻碍这一目标。实际上，欧洲央行对于直接推广欧元的国际使用做的事情也确实很少，但有一个做法却暴露出欧洲窥视美元霸权"驿动的心"，那就是发行大面额纸钞。

美元纸钞最大面额是 100 美元，而欧元却有高达 500 面值的纸钞，相当于人民币近 4000 元。欧元区国家是发达经济体，用银行卡、转账等电子方式支付很方便，500 欧元的纸钞在实际生活中几乎没有用武之地。欧洲老百姓去超市买东西拿出 100 欧元的纸钞都可能被拒收，因为面额太大不好找零，那欧洲央行为何要印 500 欧元的纸钞呢？有人把 500 欧元的纸钞称之为"肮脏的货币"，因为它经常和逃税、走私、贩毒、贿赂、洗钱这样的"地下经济"联系在一起。

欧盟委员会的调查显示，欧盟"地下经济"规模庞大，可能与西班牙 GDP 相当，交易主要使用现金。对于交易者来说，使用大面额欧元比使用美元更为"便利"。从欧洲的角度来说，这意味着可以从美国手中分得更多的"铸币税"，可以说是挖美元墙脚的一个小动作。也许是因为这样的做法实在提不上台面，且有助长"地下经济"的嫌疑,欧洲央行决定2019年以后停止发行这样的大面额钞票,但过去已经发行的仍然可以自由兑换。

随着美元霸权越来越嚣张,欧洲不愿臣服的心情也有所表露。2018年,美国政府为制裁伊朗,迫使环球银行金融电信协会(SWIFT)宣布停止对伊朗银行提供服务。SWIFT是银行间跨境支付的报文系统,被这一系统排除,就无法进行跨境信息交换,也就难以交易。也就是说,伊朗出口石油,没有办法收到钱,因而对伊朗打击很大。这一举措对美国来说损失不大,因为美国和伊朗之间贸易量很小,而欧盟是伊朗的最大贸易伙伴,很多欧洲企业都会因此遭到巨额损失,苦不堪言。

美国这样充分利用金融工具制裁伊朗,却没把盟友欧洲的利益放在眼里,也遭到了欧洲的"反抗"。不久后,欧洲国家就宣布开发贸易往来支持工具(INSTEX),用于和伊朗的贸易结算,针锋相对的意味很明显。但为了避免过度刺激美国,欧洲人也表示INSTEX的使用有一定限制,比如只用于食品、药品等人道主义物资的交易。从伊朗的案例可以看出,金融既是美国实现伊朗"无核化"这一安全目的的手段,也是欧洲维系自身经济利益、对抗美国霸权的工具。

从总体看,欧洲对抗美元的霸权力度有限,但已经不再羞于掩饰自己的不满。2018年9月,时任欧盟委员会主席容克在其任内最后一次"盟情咨文"中刻意强调了"欧元的国际作用",

这在历届"盟情咨文"中都极为少见。容克在演讲中表示，欧盟每年进口价值3000亿欧元的能源，其中只有2%来自美国，却有80%用美元结算，甚至欧洲的公司买欧洲的飞机也用美元结算，这是"荒谬的"。可以看出，在欧元国际化的问题上，欧盟机构的态度已经不再"中立"。

## 人民币国际化任重道远

纵观世界风云，货币金融在维系自身安全、实现对外战略目标方面扮演着至关重要的角色。中华民族在共产党的领导下，经过百年奋斗，迎来了从站起来、富起来到强起来的伟大飞跃，取得了了不起的成就。如何发展自己的货币金融，如何防范霸权国家滥用货币金融权力导致的相关风险，如何获取和巩固自己的货币金融权力，是值得我们深入思考的问题。

提高人民币国际化的战略定位。从近代世界经济史看，让本国货币成为主要国际货币，几乎是所有大国追求的目标。目前人民币的国际化程度和中国作为世界第二大经济体的地位是不相称的，这也是中国有提高空间的地方。相比于"铸币税"，人民币国际化更大的意义在于可以回避对外经济活动的风险，减少被人"卡脖子"的可能性，降低国家安全风险。从伊朗、俄罗斯被踢出SWIFT系统可以看出，依赖美元和美元主导的结算体系的风险有多大。想想《广场协议》后日本经济的持续萎靡，中国需要警钟长鸣。

夯实人民币国际化的经济基础。没有实力就没有工具，其他无从谈起。在这里需要注意的是，经济实力和金融实力之间的关系。从西方大国的发展历程看，一般是经济率先崛起，主要是工业崛起，伴之以国际贸易快速发展，然后再发展成金融大国、强国，进而用货币金融手段开拓国家利益，降低自身风险，两者相辅相成，有先有后。相比于中国快速增长的经济和贸易，中国的金融可以说是"短板"，需要继续补强，既要发展国内高效、稳定的金融大市场，又要有丰富的金融工具。从2022年2月俄罗斯与乌克兰军事冲突发生后，西方国家对俄罗斯的制裁情况看，对现有西方主导的货币金融体系的依赖是危险的。

加强人民币国际化的战略设计。从英国、美国的历史经验看，光有实力还不够，还要有前瞻性的规划设计，进而在时机成熟时把握机遇。美国的经济规模在19世纪末就已经超过英国，但直到第二次世界大战结束，英镑都一直是最主要的国际货币。可见，并非实力强大一定自然而然地导致"王权更替"，美国是通过自己的"怀特计划"击败竞争对手英国后，才开始了美元时代。所以，中国在实力建设的同时，还要加强自己的谋划设计，同时敏锐地观察国际格局变动，找准时机推动和实现自己的规划。目前人民币国际化的一个重要障碍是资本项目下不能自由兑换，这样外国的央行也好、企业也好，持有人民币的积极性就不是很强。鉴于当前的国情，人民币的自由兑换短期内难以实现，但从中长期看又势在必行，在这一过程中，必须有条不紊地做好阶段性设计，不能操之过急，也不能搁置不管，要把握好节奏。另外，参照世界银行、国际货币基金组织服务于西方国家政策理念和利益的情况，中国还需要提升在国际金融机构的话语权和决策权。亚洲基础设施投资银行、金砖国家开发银行都是这个方向的很好尝试，未来还可以进一步做大做强。

找准人民币国际化的"突破口"。二战后，美、欧作为传统盟友，在冷战时期同为"西方阵营"。但回顾近百年来的历史，在金融领域，尤其在货币问题上，美、欧却是不折不扣的竞争对手。美元正是打败了英镑，才成为霸权货币，而作为位次于它的欧元，常年受到美元的打压，有苦难言。得道多助，失道寡助。美元不负责任的霸权行为已经引起广泛不满，这给中国与相关国家合作提供了契机。在金融和货币问题上，不少西方国家已经向中国发出积极信号，比如英国央行和欧洲央行都和中国央行签署了大规模的货币互换协议，事实上还给予了人民币国际储备货币地位，中国的几大银行也都在英国和欧元区陆续开展业务，中国的主权债也在欧洲发行。在国际层面，欧洲国家还积极支持亚洲基础设施投资银行的建立，支持人民币加入国际货币基金组织特

# 第九章

别提款权（SDR）货币篮子。欧元虽然是世界第二大国际货币，但其使用主要在欧洲及其周边，而人民币国际化可能形成的"替代效应"主要在亚洲，而亚洲是"美元湖"，因而中欧在货币领域的合作性远远大于竞争性，未来合作前景可期。

警惕西方金融资本扩张的负面影响。政治领域的决策可以分为"内政"和"外交"，但金融领域的界限却不是那么清晰。比如，为什么在美国次贷危机前，几大评级机构给美国"两房"的债券仍是最高级，危机爆发后又频繁下调欧洲国家的主权债务评级，导致欧债问题发展成一场大危机，他们的评级是客观的吗？没有立场或者利益取向吗？三大评级机构之所以能垄断国际评级市场的95%，一个关键因素是它们得到了美国证券交易委员会的认证，和美国政府的关系不言自明。法国学者帕特里克·若利直言，评级机构公布结论的背后原因被掩盖，其是美国加强对世界经济操纵的一个工具。金融的本质应该是服务于实体经济，一些发达国家金融资本的形成，在海外确实扩大了自己的利益，但在国内也在侵蚀其他阶层，导致贫富差距扩大。金融危机中救不救"大而不能倒"的金融机构，也引发了国内意见的分裂。中国作为社会主义国家，可以发挥自身的制度优势，既要从他们过去的做法中吸取经验，也要警惕金融资本过度膨胀引发的负面影响。

# 参 考 文 献

1. [美]巴里·艾肯格林著,陈召强译:《嚣张的特权:美元的兴衰和货币的未来》,中信出版社2011年版。
2. [美]保罗·沃尔克、[日]行天丰雄著,于杰译:《时运变迁:世界货币、美国地位与人民币的未来》,中信出版集团2016年版。
3. [美]查尔斯·金德尔伯格著,徐子健、何建雄、朱忠译:《西欧金融史(第二版)》,中国金融出版社2010年版。
4. [美]迈克尔·赫德森著,嵇飞、林小芳等译:《金融帝国:美国金融霸权的来源和基础》,中央编译出版社2008年版。
5. [美]乔纳森·科什纳著,李巍译:《货币与强制:国际货币权力的政治经济学》,上海世纪出版集团2013年版。
6. [日]小林正宏、中林伸一著,王磊译:《从货币读懂世界格局:美元、欧元、人民币、日元》,东方出版社2013年版。
7. [美]约翰·珀金斯著,杨文策译:《一个经济杀手的自白》,广东经济出版社2007年版。
8. [德]奥托马·伊辛等著,康以同、陈娜、刘潇潇译:《欧元区的货币政策:欧洲中央银行的策略和决策方法》,中国金融出版社2010年版。
9. [荷]玛德琳·赫斯莉著,潘文、石坚译:《欧元:欧洲货币一体化简介》,重庆大学出版社2011年版。
10. 王湘穗:《币缘论:货币政治的演化》,中信出版集团2017年版。
11. 刘明礼:《币权竞争:美欧间的强者博弈》,时事出版社2017年版。

# 10

## 后语

## 金融安则国安

# 后语

金融是治国之重器。金融活，经济活；金融安，国家安。金融与时代发展息息相关，当金融的内容、结构和模式与时代脉搏相吻合时，金融不但能获得自身发展的不竭动力，还可成为时代发展的强大助推器。反之，如果与时代脱节，金融发展将面临巨大阻碍，甚至经济稳定将受到冲击，进而影响国家安全。历史经验已经充分证明了这一点。金融能否顺应并服务于时代，是金融安全的核心要义。

当前，世界百年大变局加速演进，中国也正式迈入建设中国特色社会主义的新阶段新征程。新的时代背景下，中国金融面临全新使命和要求，金融安全与发展也面临全新机遇与挑战。对此，需与时俱进，以总体国家安全观、新发展理念为指引，用好管好金融利剑，服务国家发展与国家安全，为新时代中国新征程保驾护航。

后语

## 金融的时代性

金融是生产力发展到一定阶段的产物,金融的发展水平、结构与模式总是受时代的影响,由所处时代的政治、经济、技术、文化等环境决定;同时,金融自身的发展,也为时代的发展添翼助力。

在原始社会,生产力发展水平低下,剩余产品寥寥无几,社会经济关系以血缘关系为纽带,成员间分工协作、互帮互助,形成社会经济共同体。金融的本质是信用基础上有价值资源的跨时空调配,由于当时社会没有足够的剩余产品和富余的经济资源,也就不存在跨时空调配资源的基础,因此,该阶段并不存在真正意义上的金融。但该阶段存在原始的金融萌芽,包括食物或生产工具的短暂借贷,贝壳、粮食、布帛、牛羊等作为一般等价物充当货币。

在古代社会,私有制普遍建立,私人和官方借贷活动频频,金银等贵重金属已成为货币,专门从事借贷和货币融通的金融业正式诞生,银行、当铺等早期金融中介纷纷涌现。欧洲由于商贸和战争频繁,甚至在中世纪时代便形成了高级形式的金融。12

世纪，意大利出现政府以未来税收为抵押的短期国债，以及商业银行信用票据市场；13世纪，威尼斯首次将众多短期国债聚合在一起，以此为基础发行长期债券基金，以股份证券的形式分销给普通投资者，可在公众市场上转手交易。该金融模式在13—14世纪的欧洲不断扩散流行，存续发展了数百年，至16世纪，欧洲多国已发展出相当规模的公债市场。中国则在宋、元时期就开始使用纸币。但该时期经济主要形式是自给自足的封建农庄经济，金融总体并不发达，其交易总量与经济总量的比重不高，且普遍受到当时文化观念的制约，比如欧洲中世纪基督教禁止借贷收息、中国古代长期存在重农抑商的观念。

在近现代社会，资本主义生产方式逐步确立，现代金融得以萌芽发展。16世纪，英国批准成立"莫斯科公司""弗吉尼亚公司""东印度公司"等股份有限公司，创造了风险共担、收益共享的股份融资模式，为现代股票市场和此后的工业革命奠定了金融基础。随后由于技术及生产力的发展，资本主义生产从工场手工业向大工业发展，社会化大生产导致的巨大投融资需求，进一步刺激了现代金融业的发展。先是银行业革命，即早期的银行转变为接受公众存贷，并以此为基础向企业和居民放贷的现代商业银行；随后，股市、债市、期货市场等现代金融市场及相应法律及监管体系逐步成型。

资本主义对金融的影响不仅体现在经济生产层面，政治、法律、文化层面的影响同样重要。英国1688年"光荣革命"被认为是该国金融史上的分水岭，此后，英国王权被大幅削弱，债券市场、股票市场、保险、商业银行、中央银行等加速确立和成熟。法国、美国等也分别是在大革命、南北战争之后，才为现代金融体系的确立扫清道路。由此可见政治对金融的根本性影响。而一国的法律、文化、宗教等，同样与金融发展息息相关。英、美普通法体系与德、法大陆法体系下的金融体系，在结构和面貌上千差万别；而东方儒家文化、基督教、伊斯兰教等，孕育了各具特色的东亚、西方及中东的金融体系。

时代造金融，金融也反过来影响时代发展。

经济上，金融是现代经济的核心与血液。金融具有两大功能：管理风险和配置资源。前者如人寿险、事故险等各种保险以及期货、期权、互换等交易，将风险分摊到全社会、未来各时期，或者转移给风险承担能力更强者，从而将风险成本最小化，促进经济生产。后者指通过金融中介和资本市场，实现资金跨地区跨时间优化配置，提升经济运行效率。更主要的是，在金融发达的社会，金融的广度、深度较高，任何有价值的经济资源都可以证券化、资本化，这就对盘活社会各生产要素提供了基础，政府可以将未来税收收入流折现，用于发债、投资；劳动力、资本、科技、土地、房产、自然资源等成为"活"资产，可通过金融杠杆寻求利益最大化，发挥最大的财富创造效用；相反，在金融发展水平较低的经济体，各要素、各资产只是过去收入流的积累和体现，其作用的发挥就相对有限。

就历史而言，早在中世纪时，金融已先于"大航海"和"工业革命"时代而发生革命性创新，并借此极大推动了海外探险、大洋贸易和工业革命。大航海时期，正是由于早期形式的"众筹型"金融，才使得需要耗费巨资的海外探险与大洋贸易成为可能。此后每一次金融的革命与创新，都推动了产业大发展，改变了经济发展进程。以现代商业银行为核心的第一次现代金融革命，极大地满足了第一次工业革命的融资需求；以现代投资银行为核心的第二次现代金融革命，为第二次工业革命提供了坚实的资金基础；而以创业投资体系为核心的第三次现代金融革命，则为第三次工业革命准备了丰厚的沃土。

政治上，金融在相当程度上影响政局变化，甚至决定时局走向。19世纪末，世界黄金供应大幅增加，助推金本位的崛起，冲击了美国金银复本位制度，并直接导致民主党候选人威廉·布莱尔在大选中败北，从而影响了当时美国政局的发展。在当今社会，金融的重要性更加突出，纵观各国大选，金融问题常常成为各方不可忽视的议题。从古到今，多个国家因金融危机、通货膨胀或货币大跌而出现政权更迭。正如美国经济学家米尔顿·弗里德曼所言，货币金融问题如此重要，以至"实际上近乎决定了国家发展的方向"。

金融不仅影响国内政治，还冲击国际政局。英美霸权的兴起与衰败都与金融直接相关。大不列颠崛起之前，国小民寡，却能成为独霸全球的"日不落帝国"，与其善用金融杠杆治国图强不无关系。英国从16世纪起便独辟蹊径，以股份公司形式动员市场与民间资金，官民合作共推海外探险和大洋贸易，取得了巨大成功，并后来居上取代了葡萄牙、西班牙等传统海上霸主的地位。前者依托市场，通过金融创新，既解决了巨额资金来源问题，还有效调动了各方积极性，为事业的成功提供源源不绝的动力；而后者主要依靠王室的主导和出资，在资金和动力方面均处于劣势。

18世纪之后，英国在与法国长期的冲突与争霸中，再度依托金融优势，夺得霸权竞争的最终胜利。由于英国发达的金融市场和先进的金融理念，1752年英国政府的公债利率约为2.5%，远低于法国的5%，且英国凭借良好的融资渠道和信誉，可以源源不断地获得资金。据统计，1752—1832年间，法国政府支付的公债利息约为英国的两倍。两强相争，英国在金融上预先拔得头筹，决定战场走向，巩固了世界头号大国地位。

二战之后，英国综合国力遭受重挫，英镑地位岌岌可危，而1956年"苏伊士运河危机"期间，美国利用超强金融实力，在外汇市场苦苦相逼，迫使英国屈服就范，同意从苏伊士运河撤军。该事件"象征着大英帝国的终结"。而作为超级大国的美国，更是将美元和金融视为美国霸权的重要支柱，频频使用金融武器，通过金融制裁、金融援助等手段，操控国际局势，确保自身国际地位。

社会、文化上，金融突破了经济交往的时空限制，从而为拓展、重构人类社会关系提供了广阔途径。金融契约深远影响了社会法律体系的发展。考古发现，在远古美索不达米亚平原上产生了迄今所发现的世界第一批城市、第一种书面语言、第一部法律、第一份合同，而其产生发展都与金融相关。货币与金融市场的发展，推动人类走出基于血缘、地缘等纽带的传统"熟人社会"，迈向"非熟人社会"，而这是建立更高级社会的前提和基础。现代资本市场的完善，使得广大平民均可参与投资，理论上可使契约关系覆盖全社会乃至全球，形成更大范围的"国际社会"，相应地必须推动全球治理才能解决跨境金融关系衍生的各种问题。而基于金融创新的社会保险以及健康、教育、养老、儿童等福利基金，为解决社会问题提供了全新手段，有助于缓和社会矛盾，促进人类社会的现代化。

金融本质上是人类做事的一种方式和工具，极大提升了人类减少生存风险、改善生活条件和促进经济增长的能力，但也带来一些问题，包括债务负担、资产泡沫、经济危机、地缘冲突等。但金融本性并无善恶之分，其结果好坏取决于金融运用者，善用者则善，可以富民强国；不善用者则带来问题，包括经济衰退、政治动荡与社会混乱。上述特点，使金融具有潜在的颠覆性力量，对国家安全具有较大影响，必须加以规范监管。

## 金融的新使命

当前，世界百年大变局加速演进，中国也跨入发展新阶段。2017年10月，中共十九大宣告："经过长期努力，中国特色社会主义进入了新时代。"这是对中国发展的最新历史定位和关乎全局的战略新判断，是中国当前及未来相当长时间内政治、经济和文化等工作的最新指引。新时代对中国金融提出全新的历史要求，也蕴含全新的发展机遇。中国共产党历来高度重视对金融的发展和引领，领导并发展了独特的"红色金融"事业，不断探索金融支持中国革命、建设、改革的道路与模式。

大革命阶段，中国共产党尝试推动金融革命，打破旧社会金融秩序，动摇了旧社会的根基。1921年7月，中国共产党成立后，就根据形势开始在金融领域进行革命布局；随后，联合社会进步力量，组建革命统一战线，领导农民开展轰轰烈烈的革命运动，开展政治、经济和金融斗争。彭湃同志于1923、1925年推动成立海丰县总农会和广东省农会，提出"办理农业银行"问题，首次主张建立为贫苦农民谋利益的金融机构。毛泽东同志指出国民革命的中心问题是农民问题，并在湖南农民运动中制定了多项金融政策，包括《金融问题决议案》《农民银行问题决议案》等，以解决旧社会币值混乱、高利贷猖獗、农业生产衰落等问题。1927年，毛泽东以中央农民运动委员会常委的名义，发表了《对农民宣言》，系统提出在农民运动中应实行的金融政策，明确了农民的金融需求，对农民在经济斗争中创办自己的金融事业产生很大影响。在该阶段，党在金融方面勇敢探索，包括建立农民银行、发行货币、低利借贷、成立信用合作社和农民借贷所等，极大动摇了旧社会的经济根基，激发了群众的革命热情，也为大革命筹集了资金。

土地革命、抗日战争和解放战争期间，为服务根据地经济和政权建设，党确立了摧毁旧货币机构和建立新货币机构的思想。随着各解放区逐渐连成一片，为统一财经政策，中共中央积极发展生产、整顿货币、打击伪钞，有效打破了敌对势力对根据地的经济封锁，为土地革命、抗日战争和解放战争的胜利提供了物资和资金保障。1948年12月，中国人民银行成立，建立了初步统一的货币机制，为开创新中国金融事业奠定坚实基础。

社会主义革命和建设时期，社会主义金融体系逐步建成，极大支撑了社会主义制度建立和国家经济建设。新中国成立初期，党面临的主要任务是巩固人民民主政权、恢复和发展国民经济。对此，党加大金融领域的布局，一方面，针对兴风作浪的投机资

后语

本，采取有力的整顿措施，打击了残存于中国大陆的旧势力的种种金融颠覆行为，稳定了金融体系和民心；另一方面，采取行政手段和经济金融政策，结束了国民党统治时期的恶性通货膨胀局面，为安定生活、发展生产创造了有利条件。随着接管官僚金融资本、建立公私合营银行以及对旧有私营金融业社会主义改造的完成，国家确立了"大一统"的中国人民银行体制，既承担货币发行、金融管理等中央银行职责，也为国民经济各行各业提供商业银行服务，为社会主义经济建设聚集资金、提供支持。

改革开放和社会主义现代化建设时期，市场化、法治化、国际化的金融体系逐步成型。1978年党的十一届三中全会，拉开了金融改革与开放的大幕。此后，农业银行、中国银行等专业性银行先后从人民银行独立出来，逐步转型为现代商业银行；保险、信托、基金、证券等非银行金融机构纷纷设立。在此基础上，中国金融体系形成了国有商业银行、政策性银行、各类股份制和民营商业银行等金融机构相互竞争并存的发展格局。中国金融开放日益推进，外资金融机构不断入驻，中资机构的海外金融业务快速拓展，国际双边和多边金融合作不断加强。中国金融的法治建设不断完善，《人民银行法》《商业银行法》《证券法》《保险法》等法律及相关行政法规、部门规章及规范陆续通过，现代金融法律制度框架基本建成。改革开放使中国金融业发生了历史性巨变，基本建成与社会主义市场经济相适应的现代金融组织体系、金融市场体系、金融调控和监管体系，有力推动了社会主义市场经济建设。

当前，中国发展进入新时代，应该深刻把握新时代的新特点、新使命，引领金融助力新时代党的伟大事业。

一是新矛盾。新时代的社会主要矛盾，已经转变为"人民日益增长的美好生活需要和不平衡不充分的发展之间的矛盾"。这意味着当前中国生产力已发展至较高水平，总体已摆脱"短缺经济"阴影，但经济发展的质量不高，在全球产业价值链的地位较低，高、精、尖及优质产品与服务的供给能力不足。同时，经济发展不太均衡，群体、行业、地区、城乡之间的收入差距和发展差异较大，已经对社会经济的可持续发展带来负面影响。

二是新使命。基本矛盾转变了，党在新阶段的目标和任务也相应改变。当前和今后相当长一段时期，继续大力发展生产力，提升发展质量和效益，更好满足人民对美好生活的需要，基本建成社会主义现代化，推动中华民族伟大复兴，已成为全党的最新使命。

三是新征程。新时代，意味着全新的起点和前进方向。改革开放至今的40余年来，中国经济规模已发展至全球第二，市场规模、国际贸易、跨国投资全球领先，人均收入逼近全球高收入门槛，科技创新能力位居国际前列，外交与军事力量大幅提升，国际地位和影响力稳步升高，为新时代中国向前发展提供了雄厚的基础。到 2035 年，中国要基本实现社会主义现代化，基本建成均衡发展、共同富裕、环境美丽的现代化社会；到 2050 年，中国要建成富强民主文明和谐美丽的社会主义现代化强国。

四是新环境。政治上，世界百年大变局加速演变，大国复杂竞争时代来临。经济上，以人工智能、大数据、云计算、量子技术等为引领的新一轮科技产业革命扑面而来，新产品、新业态、新模式、新市场主体、新的价值创造方式等纷纷涌现，对中国经济带来新的挑战和机遇。社会上，人口老龄化加速，收入差距加大，其影响不可忽视。环境上，中国面临的气候变化及经济社会绿色转型压力持续加大。

面对新时代的新使命、新征程、新环境，国家的发展与安全面临全新机遇与挑战。中国的金融体系应扮演何种角色？做好准备了吗？金融如何转型升级服务于新时代？这无疑是当下中国面临的紧迫课题。

## 金融捍卫国家安全

习近平总书记指出："维护金融安全，是关系我国经济社会发展全局的一件带有战略性、根本性的大事。"发展与安全紧密关联，互为前提，金融既是国家发展的重要支撑，又是国家安全的重要组成部分。面对新时代新使命新征程，要与时俱进，以更高眼光和视野管好用好金融利器，引领金融服务好新时代中国的发展与安全。

第一，坚持党对金融工作的集中统一领导。坚持党对金融工作的集中统一领导是中国金融长期稳定发展的宝贵经验和优良传统，也是中国金融的最大优势，是区别于其他国家的具有中国特色金融体系的根本点。新中国成立以来，在党的领导下，中国在实现经济长期快速发展的同时，还保持了金融的长期稳定，迄今并没有发生过系统性金融危机，这在现代经济金融史上是一个奇迹，其中最为关键的一点，就是中国共产党始终坚持对金融工作的领导，牢牢把握中国金融发展的方向。正是党对金融的领导，才能够确保中国金融体系能依据时代发展脉搏，不断自我革命，为金融体系抵御各种风险挑战、维护国家金融安全提供坚强后盾与根本保障。

数十年来，国际金融大小危机频发，尤其 1997 年东南亚金融危机、2008 年国际金融危机、2011 年欧债危机，以及 2020 年新冠肺炎疫情引发的全球金融动荡，中国金融岿然安稳，成为世界少有的"安全岛"，为稳定世界经济金融形势发挥"定海神针"的作用。不仅如此，中国金融事业发展不断迈上新台阶。目前，中国家庭金融资产将达到 200 余万亿元人民币，银行业总资产规模、外汇储备余额持续位居全球第一，债券市场规模位居全球第二，股票市场和保险市场等均居世界前列，金融业发展的活力和韧性不断增强，已经成为全球金融大国。所有这一切，与党中央观大势、谋大局，发挥总揽全局、协调各方的领导核心作用是分不开的。在新时代，必须继续坚持党对金融工作的统一领导，这是维护中国金融安全、促进金融发展的政治保障。

第二，要以总体国家安全观为指引，树立金融安全新理念，维护好金融自身的发展与安全。金融安全的内涵丰富，就其本身而言，金融安全首先是指金融体系的安全稳定，要及时、精准防范和处理好各种危害金融稳定的风险。对此，一方面，要立足马克思主义的辩证观整体观，从总体视角谋划金融安全。金融是内嵌于社会政治经济整体之中的，不能就金融谈金融，而应跳脱狭隘的金融观，从更大的视野中为金融安全谋篇布局。将金融安全放在国家安全的大框架下考察，可以发现，金融安全与国家总体安全密切相连，一国的政治安全、经济安全、社会安全、军事安全、文化安全、国际安全等，无不影响金融安全本身，同时金融安全也影响上述国家安全的各方面。因此，在现实工作中，应将金融纳入国家安全顶层设计，进一步优化完善中国当前金融安全的领导和指挥体制，在国家总体安全中推进金融安全。

另一方面，统筹发展与安全，在发展中谋金融安全，在金融安全中谋发展。发展和安全彼此并不分隔，而是互为前提、相互转化，金融的发展本身是安全的一种表现，并为进一步保障安全提供物质条件。发展是金融安全的基础，谋发展就是谋金融安全。为此，需要立足新时代中国国情和战略规划，贯彻新发展理念，推动中国社会经济高质量发展，推动金融理念和模式创新，进一步完善金融机构的自身治理，提升金融竞争力和服务社会的能力，进一步完善金融市场机制体系，使得金融市场更具活力和弹性，更能应对外部冲击，进一步完善金融监管和法律制度体系，更加法制化透明化，并与国际规则接轨，提升中国在全球的形象与声誉。只要中国经济保持平稳发展，只要中国金融体系顺利实现转型升级，中国的金融安全就不会出现颠覆性危机。同时，安全是发展的前提，夯实安全机制，构建安全的环境，发展才能有保障。金融稳，经济稳。社会经济与金融只有处在安全的环境中，才能顺利发展。为此，要将金融安全纳入发展框架，成为发展规划的一部分。推进新时代社会主义现代化建设，必须将安全因素融入新发展格局的构建，使经济发展更充分、更均衡、更安全。

第三，要重点处理好新时代金融与国家安全的几个关键问题。

一是构建新时代金融安全体系。习近平总书记指出，要遵循金融发展规律，"紧紧围绕服务实体经济、防控金融风险、深化金融改革三项任务，创新和完善金融调控，健全现代金融企业制度，完善金融市场体系，推进构建现代金融监管框架，加快金融发展方式，健全金融法制，保障国家金融安全。"风险防范方面，要扎好篱笆，筑牢安全防线，构建好金融安全网是第一步。"准确判断风险隐患是保障金融安全的前提"，对此，要推进金融风险预警体系现代化，完善金融安全的领导指挥体系，健全金融安全事件应急处置机制和预案管理，推进金融监管和法制体系建设现代化。清除风险隐患方面，继续加大金融风险攻坚，切实消除当前金融领域存在的风险隐患，为新时代金融"再出发"夯实基础。规范市场秩序方面，应结合时代潮流，吸收借鉴国际规则建设的有益经验，为金融机构立新章建新制。尤其对新型金融机构，包括网络金融平台，防止新型垄断和监管套利，促进金融交易透明可预测。此外，在金融基础设施、优化宏观调控等方面，均应顺应新时代，适度超前布局。

二是面向未来，因应新时代高质量发展要求，着力构建绿色化、数字化以及包容、普惠的金融体系。加大引导和激励，充分利用市场机制，构建多层次、多元化的绿色金融市场体系，鼓励银行业金融机构加快创新绿色金融产品和服务；加快培育和发展服务绿色金融的中介服务机构；积极引领绿色金融标准国内统一、国际接轨。面向新一轮科技产业革命浪潮，有序推进金融体系的数字化，一方面，推进科技赋能，探索大数据、云计算、人工智能、区块链等新兴技术在金融领域的安全应用，提升金融效率，构建适应数字经济时代的金融体系；另一方面，规范发展数字金融，构建数字金融监管标准和规则体系，引领时代潮流。挖掘传统金融和数字金融的潜在优势，加大金融创新，构建有中国特色的包容普惠金融体系，包括社保金融创新，以因应人口老龄化加速的挑战等。

三是推动金融供给侧结构性改革，推动构建"双循环"新发展格局。加快构建以国内大循环为主体、国内国际双循环相互促进的新发展格局，是党中央根据中国发展阶段、环境、条件变化做出的战略决策，也是贯穿"十四五"及未来较长时期发展的战略纲领。对此，根据"双循环"格局的内在要求，加快推进金融市场化进程，推进资本账户双向开放，推动汇率双向调节，发挥调节宏观经济和国际收支的自动稳定器作用。根据中央有关内需驱动、创新发展的要求，健全科技创新友好型现代金融体系。尤其要加大资本市场的改革，丰富资本市场层次，健全风险投资、创业投资激励政策和退出渠道，为科创企业提供全方位、全周期、全产业链金融服务，支持科技创新体系。根据双循环相互促进的要求，推进高水平金融开放，打造国际合作新优势，包括：深化金融的制度性开放，全面实现准入前国民待遇和负面清单，推进金融会计、法律等基础性制度与全球通行标准接轨；加快人民币国际化步伐，加大人民币国际金融中心建设，促进能源资源、商品服务以及各类生产要素的内外循环流动。

四是推动金融转型，促进共同富裕。共同富裕是社会主义的本质要求，是中国经济制度优越性的充分体现，是新时代中国经济发展的重要宗旨，具有战略重要性。共同富裕的基本要义是坚持以人民为中心的发展观，就是通过"提低，扩中，调高"，提高低收入群众生活水平，降低低收入民众在全社会的比重，扩大中产阶级，调节高收入群体过高收入，推动形成"橄榄型"社会结构，使经济发展惠及每位民众。对此，可充分挖掘金融在一次分配、二次分配和三次分配的作用，构建新型社会主义金融体系。要加大金融创新，增强总量型、结构型货币政策以及信贷政策的正向分配效应，推动形成经济分配向劳动者、低收入群体、低收入的农村和中西部地区倾斜的金融工具体系。其中，中小微企业是普惠金融的重点。根据经合组织（OECD）《中小企业融资2020》的调查数据，中国中小企业的融资情况与融资条件都已处于世界较好水平，中小企业贷款占比（64.96%）高出样本国中位数24.55个百分点，信贷融资拒绝率（3.69%）也在样本国中最低，而且中国还拥有全球最大的线上融资市场，占全球线上融资交易量的62.5%，为中小企业融资提供了有效渠道。但仍存在较大短板，中国风险投资增速（10%左右）不及OECD国家的平均增速（20.86%），中小企业直接融资市场仍处于培育阶段；中小微企业的信用类和中长期类贷款保障机制不完善，占比较低；融资担保、抵质押品管理等体制机制还不健全。需要有针对性推出制度性政策性举措，构建有中国特色的中小微企业融资体系。

五是高举命运共同体旗帜，双多边并举，推进全球金融良治。金融尤其是数字金融，跨境流动灵活频繁，一国难以独立维护金融安全，必须坚持命运共同体观，弘扬共同安全与共同发展的理念，以真正的多边主义，推动全球金融共治，构建全球金融安全网。双边层面，继续深化当前中国与周边及其他各国的双边金融合作，升级金融风险防范和金融危机互助机制，促进面向未来的数字金融、绿色金融等合作，引领全球合作潮流。区域层面，充分借助"一带一路"倡议、金砖国家合作机制、上海合作组织、亚太经济合作组织、清迈合作等现有机制，凝聚共识，共推金融安全倡议，共建区域金融安全网络。多边层面，坚定维护发展中国家利益，联手同道，利用二十国集团等多边平台，共推国际货币基金组织、世界银行等国际金融机构改革和国际货币体系改革，促进构建公平、合理、包容的国际金融秩序。

# 参考文献

1. 习近平:《决胜全面建成小康社会,夺取新时代中国特色社会主义伟大胜利——在中国共产党第十九次全国代表大会上的报告》,2017年10月18日。
2. 中共中央党史和文献研究院:《习近平关于总体国家安全观论述摘编》,中央文献出版社2018年版。
3. 《中华人民共和国国民经济和社会发展第十四个五年规划和2035年远景目标纲要》,新华网,http://www.xinhuanet.com/2021-03/13/c_1127205564.htm。
4. [美]威廉·戈兹曼著,张亚光、熊金武译:《千年金融史》,中信出版社2017年版。
5. [美]查尔斯·金德尔伯格著,徐子健、何建雄、朱忠译:《西欧金融史》,中国金融出版社2010年版。
6. [日]黑田明伸著,何平译:《货币制度的世界史——解读非"对称性"》,中国人民大学出版社2007年版。
7. 徐飞彪:《新视野下的国际货币体系变迁及中国货币战略》,时事出版社2016年版。
8. A. Schwartz, Money in Historical Perspective, The University of Chicago Press, 1987.
9. Allen Larry, The Global Financial System 1795-2000, Reaktion Books, 2001.

## 图书在版编目（CIP）数据

金融与国家安全 / 总体国家安全观研究中心，中国现代国际关系研究院著 . — 北京：时事出版社，2022.4
（总体国家安全观系列丛书 . 二）
ISBN 978-7-5195-0475-5

Ⅰ.①金… Ⅱ.①总… ②中… Ⅲ.①金融—关系—国家安全—研究—中国 Ⅳ.① F832 ② D631

中国版本图书馆 CIP 数据核字（2022）第 057728 号

出版发行：时事出版社
地　　址：北京市海淀区彰化路 138 号西荣阁 B 座 G2 层
邮　　编：100097
发行热线：（010）88869831　88869832
传　　真：（010）88869875
电子邮箱：shishichubanshe@sina.com
网　　址：www.shishishe.com
印　　刷：北京良义印刷科技有限公司

开本：787×1092　1/16　印张：19.5　字数：187 千字
2022 年 4 月第 1 版　2022 年 4 月第 1 次印刷
定价：60.00 元

（如有印装质量问题，请与本社发行部联系调换）